1921—2021
湖湘潮·百年颂 上

中共湖南省委党史学习教育领导小组办公室 主编

湖南人民出版社

序言

将党史学习教育作为重大政治任务抓紧抓好

中共湖南省委书记、省人大常委会主任　许达哲

在2021年2月20日召开的党史学习教育动员大会上，习近平总书记站在统筹中华民族伟大复兴战略全局和世界百年未有之大变局的高度，全面阐述了开展党史学习教育的重大意义、总体要求、目标任务和重点措施，贯穿了深刻的历史思维和深远的历史眼光，彰显了我们党作为百年大党的高度历史自觉和强烈历史担当，具有很强的政治性思想性指导性，为我们开展党史学习教育指明了方向、提供了遵循。我们要认真学习领会、抓好贯彻落实。

提高政治站位、深化思想认识，切实增强开展党史学习教育的思想自觉和行动自觉

党的十八大以来，以习近平同志为核心的党中央高度重视党史学习教育，习近平总书记反复强调我们党的历史是中国近现代以来历史最为可歌可泣的篇章，中国革命历史是最好的营

养剂；强调学习党史、国史，是坚持和发展中国特色社会主义、把党和国家各项事业继续推向前进的必修课，这门功课不仅必修，而且必须修好；强调只有回看走过的路、比较别人的路、远眺前行的路，弄清楚我们从哪儿来、往哪儿去，很多问题才能看得深、把得准；强调充分发挥党的历史以史鉴今、资政育人的作用，是党和国家工作大局中一项十分重要的工作。在党史学习教育动员大会上，习近平总书记用三个"必然要求"深刻论述了开展党史学习教育的重要性必要性。我们要从更高站位深化认识，深入理解和把握开展党史学习教育的重大意义，将其作为一项重大政治任务抓紧抓好。

第一，要从牢记初心使命、推进中华民族伟大复兴的维度深刻认识开展党史学习教育的极端重要性。

我们党的一百年，是矢志践行初心使命的一百年。中国共产党自登上历史舞台起，就把自己的命运和中国人民、中华民族的命运紧紧联系在一起，把为中国人民谋幸福、为中华民族谋复兴作为自己的初心和使命，并一以贯之体现到党的全部奋斗之中。百年来，不管形势和任务如何变化，不管遇到什么样的惊涛骇浪，我们党都始终把握历史主动，始终保持初心如磐，始终不渝朝着实现中华民族伟大复兴的目标砥砺奋进。从落后时代到赶上时代、引领时代，从站起来到富起来、强起来，中国共产党始终站在民族复兴的最前列。经过几代人接续奋斗，当前我国已如期完成脱贫攻坚任务，全面建成小康社会取得决定性成就。进入新发展阶段、开启全面建设社会主义现代化国家新征程，这是中华民族伟大复兴历史进程的大跨越，我们比历史上任何时期都更接近、更有信心和能力实现这个奋斗目标。从湖南来看，同全国一样，历史性地解决了绝对贫困问题，全面建成小康社会胜利在望，全省上下正在大力实施"三高四新"战略、奋力建设现代化新湖南。新的征程上，我们既面临难得机遇，也面临严峻挑战，迫切需要用初心使命激扬奋斗伟力。开展党史学习教育，就是要教育引导全省各级党组织和广大党员把党的初心和使命铭刻于心，以更加昂扬的精神状态和一往无前的奋斗姿态建功新时代、奋进新征程，不断把建设现代化新湖南的宏伟事业推向前进，为实现中华民族伟大复兴的中国梦贡献湖南力量。

第二，要从新时代坚持和发展中国特色社会主义的维度深刻认识开展党史学习教育的极端重要性。

从领导人民进行新民主主义革命、社会主义革命和建设，到推进改革开放、奋进新时代，党的百年奋斗史充分表明，只有社会主义才能救中国，只有中国特色社会主义才能发展中国。新时代坚持和发展中国特色社会主义，是我们党领导人民进行伟大社会革命的成果和继续，必须一以贯之进行下去。旗帜决定方向，道路决定命运。在新的历史方位上实现新时代党的历史使命，最根本的就是要高举中国特色社会主义伟大旗帜。湖南是马克思主义中国化和中国化马克思主义的发源地和早期实践地。2020年9月，习近平总书记在岳麓书院与师生交流互动时，强调毛泽东思想是马克思主义在中国的第一次本土化，深刻阐明了马克思主义中国化、本土化的重要性，阐明了走中国特色社会主义道路的必然性；在对湖南提出打造"三个高地"、践行"四新"使命等重要指示中，最后落脚的是奋力谱写新时代坚持和发展中国特色社会主义的湖南新篇章。开展党史学习教育，就是要教育引导全省各级党组织和广大党员深刻认识中国特色社会主义形成和发展的脉络，认识其历史必然性和科学真理性，始终保持理想追求上的政治定力，不断坚定"四个自信"，更好推进伟大社会革命，使新时代坚持和发展中国特色社会主义的"人间正道"在三湘大地上越走越宽广。

第三，要从坚持党的自我革命、推进全面从严治党的维度深刻认识开展党史学习教育的极端重要性。

中国共产党的伟大不在于不犯错误，而在于从不讳疾忌医，敢于直面问题，勇于自我革命，具有极强的自我修复能力。从八七会议纠正陈独秀右倾投降主义错误，遵义会议纠正王明"左"倾教条主义错误，到抗日战争时期开展反对主观主义以整顿学风、反对宗派主义以整顿党风、反对党八股以整顿文风的延安整风运动，到社会主义建设时期开展"三反""五反"运动、党的十一届三中全会后否定以阶级斗争为纲，再到以习近平同志为核心的党中央以刀刃向内的精神推进全面从严治党，等等，我们党一次次拿起手术刀来革除自身的病症，始终保持马克思主义政党的先进性纯洁性。一部百年党史，就是一部我们党以自我革命引领社会革命的历史。这些年来，我们通过开展"三讲"教育、先进性教育、科学发展观学习实践活动、群众路线教育实践活动、"三严三实"专题教育、"两学一做"学习教育、"不忘初心、牢记使命"主题教育等，有力推进了党的建设新的伟大工程。开展党史学习教育，就是要发扬彻底的自我革命精神，驰而不息推进全面从严治党，把反腐败斗争贯穿建设现代化新湖南全过程，推动党风政风和政治生态持续好转，增强党的自我净化、自我完善、自我革新、自我提高能力，把全省各级党组织建设得更加坚强有力。

第四，要从弘扬革命精神、传承红色基因的维度深刻认识开展党史学习教育的极端重要性。

党的百年奋斗历史，熔铸着一代代共产党人舍生忘死、一往无前、不懈奋斗的革命精神，构筑了从红船精神、井冈山精神到抗疫精神、脱贫攻坚精神等一系列彰显党的性质宗旨和政治品格的精神谱系。这些宝贵精神财富跨越时空、历久弥新，已深深融入我们党的血脉之中。把革命精神发扬好、把红色基因传承好，是走好新时代长征路的必然要求。湖南是伟人故里、将帅之乡，是中国革命的重要策源地、中国共产党人的初心萌发地，也是当今中国精准扶贫首倡地，"十步之内，必有芳草"。放在党的百年奋斗史中来看，"寸土千滴红军血，一步一尊英雄躯"，是对湖南革命年代作出巨大牺牲的生动诠释；"为有牺牲多壮志，敢教日月换新天"，是流淌在湖南历史发展进程中的精神血脉。今天散落在三湘大地的每一处爱国主义教育基地、革命文物旧址、红色旅游景点，都是一部历史教科书、一个信仰熔铸点、一座红色基因库，蕴含着丰富的政治智慧和道德滋养，承载着共产党人永远不变的政治本色和信念追求。开展党史学习教育，就是要充分挖掘利用湖南红色文化"富矿"，教育引导全省各级党组织和广大党员铭记我们党走过的光辉历程、付出的巨大牺牲、展现的巨大勇气、彰显的巨大力量，从中汲取丰厚滋养和智慧力量，把老一辈革命家的崇高风范和优良传统发扬下去，把他们开创并为之奋斗的事业接力进行下去，以建设现代化新湖南的实干实绩告慰先辈先烈。

突出学习重点、把握目标要求，高质量高标准开展好党史学习教育

党史学习教育学什么、怎么学？习近平总书记明确了"学史明理、学史增信、学史崇德、学史力行"的要求。党中央印发的《关于在全党开展党史学习教育的通知》和省委"实施方案",也都作了规定。全省各级党组织和广大党员要按照中央和省委部署,紧扣目标要求和学习重点狠抓落实,做到学党史、悟思想、办实事、开新局。

第一,坚持学史明理,把稳思想之舵。

这个"理",就是真理、原理、规律。开展党史学习教育,要从三个方面做好"明理"的文章。要突出加强党的创新理论武装。我们党的百年奋斗史,就是一部不断推进马克思主义中国化的思想发展史、理论创新史。党的每一步胜利,都是马克思主义基本原理与中国实际相结合的结果。习近平新时代中国特色社会主义思想是新时代我们党坚持和发展马克思主义的最新理论成果,是当代中国马克思主义、21世纪马克思主义。要把学习贯彻这一思想摆在突出位置,坚持原原本本学、及时跟进学、全面系统学、结合实际学,不断提高运用党的创新理论解决实际问题的能力。各级党委(党组)要结合实际,采取理论学习中心组学习、举办读书班、"三会一课"、主题党日等形式,开展好主题突出、特色鲜明、形式多样的专题学习,"七一"前后要组织党员领导干部、基层党组织书记、先进典型讲一次专题党课。要针对领导干部和普通党员不同特点要求,确定重点学习内容,注意把学思用、知信行统一起来,防止搞形式、走过场,推动学习贯彻工作走深走实走心。要突出把握历史规律和大势。习近平总书记指出:"今天,我们回顾历史,不是为了从成功中寻求慰藉,更不是为了躺在功劳簿上、为回避今天面临的困难和问题寻找借口,而是为了总结历史经验、把握历史规律,增强开拓前进的勇气和力量。"要把学习党史与学习新中国史、改革开放史、社会主义发展史结合起来，与学习湖南革命、建设、改革史贯通起来，跳出一时一地的具体情况，从更宽广的历史视野来考察和认识事物，科学把握历史规律和大势，全面深化对共产党执政规律、社会主义建设规律、人类社会发展规律的认识，始终掌握事业发展的历史主动。当今世界百年未有之大变局加速演进，以美国为首的西方国家加紧加剧遏制打压我国发展，社会主义和资本主义两条道路、两种制度的竞争将贯穿全面建设社会主义现代化国家全过程，我们面临的外部发展环境更趋严峻复杂，要通过党史学习教育，引导广大党员树立大历史观，从历史长河、时代大潮、全球风云中分析演变机理、探究历史规律，做好应对外部环境变化的思想和工作准备，顺势而为、奋发有为，更好统筹发展和安全，牢牢掌握工作主动权。要突出树牢正确历史观、党史观。唯物史观是我们共产党人认识、把握历史的根本方法。要树牢正确历史观、党史观，坚持用辩证唯物主义和历史唯物主义的立场观点方法认识党的历史，正确看待党史上的重大事件、重要人物、重要会议，科学把握党的历史发展的主题和主线、主流和本质，旗帜鲜明反对历史虚无主义，坚决抵制歪曲和丑化党的历史的错误倾向，真正做到用党史来教育人、启迪人、感化人、鼓舞人。要教育引导党员干部全面了解和正确认识党的历史，认真学习党领导人民浴血奋战、攻坚克难、开拓创新取得伟大胜利的历史，学习湖南党组织带领全省人民走过的辉煌历程、取得的伟大成就、形成的宝贵经验，在正确党史观的指引下理解历史的起伏、文明的兴衰和伟大复兴背后深沉的历史底蕴，澄清对党史上一些重大问题的模糊认识和片面理解，在正本清源、固本培元中不断增进爱党、爱国、爱社会主义的情感。

第二，坚持学史增信，筑牢信仰根基。

心中有信仰，脚下有力量。回顾党的历史，我们党能够历经挫折而不断奋起，历经苦难而淬炼成钢，归根到底在于始终保持革命理想高于天的崇高追求，从来没有动摇过对马克思主义的信仰、对社会主义和共产主义的信念。我们要通过党史学习教育，增强历史自觉，保持战略定力，不断坚定信仰信念信心。要在深刻认识中国共产党为什么"能"中筑牢信仰之基。从建党的开天辟地，到领导人民改天换地，到领航中国翻天覆地，党的百年发展史充分表明，党的领导不是自封的，也不是什么力量强加的，而是历史的选择、人民的选择。十八大以来我国创造了人类减贫史上的奇迹，现行标准下9899万农村贫困人口全部脱贫，832个贫困县全部摘帽，12.8万个贫困村全部出列，区域性整体性贫困得到解决，完成了消除绝对贫困的艰巨任务。包括这次疫情防控中"中国之治"与"西方之乱"的鲜明对比，都深刻证明中国共产党具有无比坚强的领导力、组织力、执行力，是中国人民和中华民族的主心骨。只要我们始终不渝坚持党的领导，就一定能够战胜前进道路上任何艰难险阻，不断满足人民对美好生活的向往。要深刻铭记党百年奋斗的光辉历程，深刻认识党为国家和民族作出的伟大贡献，深刻领会党在长期奋斗中铸就的伟大精神，从近代以来中国沧桑巨变的内在逻辑和发展变迁中体悟中国共产党为什么"能"的制胜秘诀，更加毫不动摇坚持党的领导，毫不动摇听党话、跟党走，毫不动摇忠诚核心、维护核心、看齐核心。要在深刻认识马克思主义为什么"行"中筑牢信仰之基。我们党是用马克思主义武装起来的政党。百年来，我们党之所以能够完成近代以来各种政治力量不可能完成的艰巨任务，就在于始终把马克思主义这一科学理论作为自己的行动指南，并坚持在实践中不断丰富和发展马克思主义。要注重从党的非凡历程中感悟马克思主义的真理力量和实践力量，深化对中国化马克思主义既一脉相承又与时俱进理论品质的认识，不断增强对马克思主义科学真理的政治认同、思想认同、情感认同，始终保持理论上的清醒。要在深刻认识中国特色社会主义为什么"好"中筑牢信仰之基。中国特色社会主义是党领导人民一百年奋斗、创造、积累的根本成就。要通过认真学习党的历史，进一步增强中国特色社会主义道路自信、理论自信、制度自信、文化自信，既不走封闭僵化的老路，也不走改旗易帜的邪路，坚定不移走好我们自己的路。广大党员干部要自觉做共产主义远大理想、中国特色社会主义共同理想的坚定信仰者和忠实实践者，不动摇、不懈怠、不折腾，顽强奋斗、艰苦奋斗、不懈奋斗，在实现第二个百年奋斗目标的征程上发挥先锋模范作用。

第三，坚持学史崇德，永葆政治本色。

"国无德不兴，人无德不立。"党员干部的"德"，核心就是党性，就是政治本色。习近平总书记强调，领导干部要讲政德，讲政德就要明大德、守公德、严私德。要通过党史学习教育，不断强化政德修养，永葆对党的忠诚之心、对人民的赤子之心，永葆先进性纯洁性。要心中有党明大德，树牢对党忠诚的政治品格。"天下至德，莫大乎忠。"一部党史，就是一部共产党人对党忠诚的历史。百年来，正因为千千万万党员对党绝对忠诚，我们党才具有无往不胜的强大力量，党和人民的事业才不断发展壮大。广大党员干部要通过党史学习教育，进一步强化党的意识，牢记自己的第一身份是共产党员、第一职责是为党工作，始终在党爱党、在党护党、在党忧党、在党为党,任何时候都要与党同心同德、对党绝对忠诚。要坚持旗帜鲜明讲政治,严守政治纪律和政治规矩,严肃党内政治生活,不断提高政治判断力、政治领悟力、政治执行力,坚决维护习近平总书记的核心地位,坚决维护党中央权威和集中统一领导,切实增强"四个意识"、坚定"四个自信"、做到"两个维护"。要心中有民守公德,树牢为民服务的根本宗旨。"大道之行,天下为公。"我们党除了工人阶级和最广大人民群众的利益,没有自己特殊的利益。自成立之日起,我们党就把"人民"写在自己的旗帜上。一部党的百年历史,就是一部立党为公为民的历史,就是一部党与人民心连心、同呼吸、共命运的历史。炎陵红军标语博物馆陈列的"没收土豪家里的谷米油盐给贫苦工农"等标语,汝城沙洲村发生的"半条被子"故事,深刻印证了我们党为人民谋幸福的不懈追求,生动诠释了"江山就是人民,人民就是江山"的朴素真理。党的历史告诉我们,人心向背关系党的生死存亡,赢得人民信任,得到人民支持,党就能够克服任何困难,就能够无往而不胜。广大党员干部要进一步深化对党的性质宗旨的认识,坚持一切为了人民,一切依靠人民,始终把人民放在心中最高位置,始终把人民对美好生活的向往作为奋斗目标,推动改革发展更多更公平惠及全体人民,推动共同富裕取得更为明显的实质性进展。这次党史学习教育,明确要求开展好"我为群众办实事"实践活动。要把开展实践活动与巩固脱贫攻坚成果,与今年省委、省政府确定的"十件民生实事"统筹起来,从最困难的群体入手,从最突出的问题抓起,从最现实的问题出发,推动解决群众反映的各项"急难愁盼"问题。要以此为载体,聚焦聚力解决联系群众不紧密、服务群众不到位等问题,切实把党的群众路线扎根在头脑深处、落实到具体行动。各地各部门各单位要结合实际，制定开展"我为群众办实事"实践活动的实施方案，列出办实事的具体清单，一件一件抓落实，办一件成一件，真正把实事办实、办好、办到群众的心坎上。要心中有戒严私德，树牢清正廉洁的底线意识。邓小平同志讲过，共产党人干事业，一靠真理的力量，二靠人格的力量。我们党的百年历史，就是一部人格力量千锤百炼、反复锻造的历史。百年来，无数优秀共产党人用优良作风、革命精神和崇高风范展现出了独特精神气质和伟大人格力量，并产生了强大号召力、感召力和凝聚力。要教育引导党员干部以老一辈革命家为标杆，大力发扬他们身上所折射出来的坚如磐石的信仰信念、艰苦奋斗的优良作风、服务人民的公仆情怀、淡泊名利的崇高境界、廉洁修身的道德操守，不忘初心、不懈进取、不负人民。要坚持不懈加强自我改造提高，坚持自省自警自律自重，严以律己、廉洁齐家，像珍惜生命一样珍惜自己的节操，增强政治定力、纪律定力、道德定力，始终保持为民务实清廉的政治本色。

第四，坚持学史力行，勇于担当作为。

"知者行之始，行者知之成。"学习历史是为了更好走向未来。要坚持知行合一，把学习党史同总结经验、观照现实、推动工作结合起来，同解决实际问题结合起来，同贯彻落实党中央和省委各项决策部署结合起来，转化为履职尽责、干事创业的实效，防止出现"学""用"两张皮。要紧扣发展大局学史力行。坚持历史和现实相贯通，着眼当前正在做的事情学党史用党史，深刻汲取历史经验，准确把握历史方位，更好统筹"两个大局"、心怀"国之大者"，在新的起点上推动湖南改革发展取得更大成效。从当前来讲，最重要的是牢牢把握新发展阶段、新发展理念、新发展格局的实践要求，大力实施"三高四新"战略、奋力建设现代化新湖南，努力把习近平总书记为湖南擘画的宏伟蓝图变成美好现实。各地各部门各单位要坚持党的实事求是思想路线，坚持一切从实际出发，主动对接融入"三高四新"战略实施，从中找准切入点突破口，确保取得实质性进展。要以实施"三高四新"战略为牵引，统筹抓好供给侧结构性改革、科技自立自强、扩大内需市场、实施高水平开放、巩固脱贫成果、推进乡村振兴、促进共同富裕等工作，推动实现更高质量、更有效率、更加公平、更可持续、更为安全的发展。要坚持问题导向学史力行。紧密联系思想和工作实际，以先辈先烈和优秀党员为镜子，深入查找守纪律、讲规矩方面的差距，查找践行初心使命方面的差距，查找思想觉悟、能力素质、道德修养、作风形象方面的差距，在见贤思齐中锤炼党性，在对标对表中校正偏差，做到既解决思想根子问题，又解决实际工作问题。各级党员干部特别是领导干部从一开始就要奔着问题去，从一开始就要联系自身政治、思想、作风、履职能力等情况进行党性分析，从一开始就要把开展"我为群众办实事"实践活动抓在手上，真正把学习成效体现在提高党性修养和解决实际问题上。要聚焦攻坚克难学史力行。党的事业总是在战胜各种困难中前进的。当年，湘鄂川黔革命根据地条件十分艰苦、环境十分恶劣，但红六军团不畏艰险、浴血征战，胜利完成了为中央红军开辟前进道路的任务。习近平总书记2020年9月在湖南考察时，专门用这一史实勉励我们发扬斗争精神，增强斗争本领，敢打硬仗、善打胜仗，不断打开事业新局面。进入新发展阶段，应对前进道路上各种可以预见和难以预见的风险挑战，很有必要从党的历史中获取启迪，从历史经验中提炼克敌制胜的法宝。广大党员干部要继承发扬革命先辈光荣传统，始终保持过去革命战争时期的那么一股劲、那么一股革命热情、那么一种拼命精神，不断提高把握大局大势、应对风险挑战、推进实际工作的能力水平。要发扬斗争精神、增强斗争本领，勇于挑最重的担子，啃最硬的骨头，接最烫的山芋，在进行具有许多新的历史特点的伟大斗争中增长才干、建功立业，不断把建设现代化新湖南的宏伟事业推向前进。

百年征程波澜壮阔，千秋伟业再启新程。让我们更加紧密地团结在以习近平同志为核心的党中央周围，以党史照亮前行之路，以党史洗涤心灵之尘，以党史激发奋进之力，大力实施"三高四新"战略、奋力建设现代化新湖南，以优异成绩庆祝党的百年华诞！

目 录

001　新民学会:"建党先声"显初心

005　湖湘青年:勇立五四潮头

009　《湘江评论》:一份"爆款"刊物发出的时代强音

013　湖南留法勤工俭学运动:革命青年远渡重洋万里求索

017　长沙文化书社:藏于闹市的革命秘密据点

021　长沙共产党早期组织成立:湖湘青年献身建党伟业

024　湖南劳工会成立:工人阶级在苦难中觉醒

029　长沙社会主义青年团成立:革命"后浪"有了自己的组织

034　中共一大召开:

　　　敢为人先的湖南人,深度参与了这个"开天辟地的大事变"

039　湖南自修大学:最早培养革命人才的"职业学校"

043　从中共湖南支部到中共湘区执行委员会:

　　　全国最早的省级党组织这样诞生

048　中国劳动组合书记部湖南分部:掀起湘区工人运动的澎湃浪潮

- **052** 承前启后的中共二大：12名代表中，湖南籍代表占了1/4
- **057** 安源路矿工人大罢工：共产党首次独立领导并完胜的工人运动
- **062** 水口山工人大罢工：把湘区工运推向最高潮
- **066** 中共三大召开：毛泽东首次进入党中央领导核心
- **070** 岳北农工会成立：工农"握手革命"开全国之先
- **075** 黄埔军校创建：惟楚有才！湘籍学员人数居全国之冠
- **080** 益阳金家堤支部：最早的农村支部点燃革命火种
- **084** 第一次国共合作在湖南的实现：掀起湖南民族民主革命高潮
- **089** 中共韶山支部：诞生在毛泽东故居阁楼的党支部
- **093** 《战士》周报：民国"大V"，战斗力爆表
- **098** 毛泽东发表《中国社会各阶级的分析》：

  初步提出新民主主义革命基本思想
- **103** 毛泽东主办广州第六届农讲所：培养农民运动"文武全才"
- **107** 湖南成为北伐战争的重要战场：工农联合助力，北伐军势不可挡
- **112** 毛泽东考察5县农民运动：

  94年前的这场"新春走基层"影响深远
- **117** 马日事变后，10万工农武装进击长沙：

  白色恐怖压不住的红色浪潮

112	八七会议：毛泽东首提"枪杆子里面出政权"
127	秋收起义后文家市会师转兵：绝处逢生的"转兵"智慧
132	水口连队建党："军魂"在连队落地生根
136	建立井冈山革命根据地：星星之火从这里燎原
140	茶陵县工农兵政府成立：红色政权从洣水之滨发端
145	湘南起义：点燃土地革命的"第一把火"
150	桑植起义之后创建湘鄂边革命根据地：从旧式武装向新型革命军蜕变
155	沙田颁布《三大纪律六项注意》："第一军规"铸就不朽军魂
160	平江起义：一声惊雷，助燃"星星之火"
164	红三军团攻占长沙，成立首个建制省苏维埃政府：百年老宅见证红色传奇
169	红一方面军永和成立：中央红军从这里走出
173	艰难曲折的白区斗争：湖南省委机关辗转多地坚持领导革命
177	红六军团桂东寨前誓师：旌旗猎猎踏上西征路
181	湘鄂川黔革命根据地：长江南岸最后一块红色根据地
186	毛泽民奠基红色国库事业：战火纷飞中写就金融奇迹
191	通道会议和通道转兵：这场"飞行会议"让中国工农红军有了新通道

195	遵义会议：生死攸关的伟大转折
199	红二、六军团突围长征：没"蚀本"的革命奇迹
204	八路军驻湘通讯处： 推动建立湖南抗日民族统一战线的"关键力量"
209	塘田战时讲学院：仅存 7 个月的"南方抗大"
213	"文夕大火"后周恩来率先组织救灾： 至暗时刻，共产党人"逆行"守护长沙
217	南岳游击干部训练班：国共合作培育抗日军事人才
222	平江惨案："亲者痛仇者快"的历史悲剧
227	石公华抗日根据地：照亮湘西北地区抗战的一盏明灯
231	八路军南下支队入湘：驰骋三湘战日伪
235	中共七大胜利召开：确立毛泽东思想为党的指导思想
240	湖南宣告和平解放：兵不血刃的"长沙模式"
245	《新湖南报》创刊：从烽火中走来的"湖南日记"
250	衡宝战役：在新中国诞生礼炮中进行的唯一战役
255	后　记

新民学会："建党先声"显初心

◎湖南日报·新湖南客户端记者 苏莉

| 铭 刻 |

> 新民学会为中国共产党的建立提供了宝贵的实践经验，作出了十分重要的理论贡献，被称为"建党先声"。

| 追 寻 |

100年的时光，淌过了潮宗街凹凸不平的青石板，也淌过了新民学会旧址的白墙青瓦。

岁末年初，阳光正好。长沙大学城的青年学子穿过绿荫如盖的新民路，走进窄窄的周家巷，抬头吟诵巷口牌楼上出自蔡畅的题词："新民学会建党先声，毛蔡寄庐流芳千古。"

这里是新民学会旧址。当年蔡和森在长沙求学时，举家居住于此，毛泽东、萧子升等同学经常横渡湘江，在这所"沩痴寄庐"聚会畅谈。他们不屑于谈论个人琐事，探讨的都是救国救民的道理，一群20出头的青年，意气风发，酝酿成立革命社团。

1918年4月14日，新民学会成立会就在蔡和森家的堂屋召开，成立之初就确立了学会的宗旨是"革新学术,砥砺品行,改良人心风俗"。

学会会员渴望从西方寻找救国救民的真理,近40名会员前往法国、新加坡等国勤工俭学,蔡和森等会员开始接触和研究马克思主义。毛泽东等人则留在国内,响应五四运动,开展"驱张"运动和湖南人民自治运动,出版《湘江评论》等进步刊物。经过马克思主义理论的学习和革命的锤炼,毛泽东在1920年夏天成为坚定的马克思主义者。

在当时各种思潮激荡的背景下,学会会员之间逐渐产生分歧。在法国的蔡和森和萧子升对"走什么样的道路"持不同意见,他们专门开会,又分别给毛泽东写信,阐述各自主张。1921年初,毛泽东组织在国内的会员,召开了一次新年会议。

这次会议在位于长沙潮宗街的文化书社召开。会议持续了3天,重点讨论3个问题:新民学会以什么做共同目的?达到目的须采用什么方法?方法进行即刻如何着手?

关乎道路的选择,最终以"起立"的方式来表决。主张以"改造中

◆新民学会旧址。湖南日报童迪摄

国与世界"为新民学会共同目的的占了大多数,包括毛泽东、易礼容等12人。会议讨论决定以"改造中国与世界"为学会的共同目的,以"激烈方法的共产主义"为达到共同目的的方法,走俄国十月革命的道路。

尽管不久后,新民学会完成历史使命,自然停止了活动,但中共湖南省委党史研究院院长胡振荣认为,新民学会具有重要意义,它"把新民学会的大多数会员引上了马克思主义道路,是质的飞跃"。

新民学会78名会员中,有一半左右先后加入了中国共产党。作为新文化运动中影响最大的进步团体之一,新民学会为中国共产党的创立做了思想理论上的探寻和干部队伍上的准备,被誉为"建党先声"。

◆新民学会会员在长沙合影。长沙近现代文物保护管理中心供图

◆1920年3月3日,驻衡讨张请愿代表团合影。长沙近现代文物保护管理中心供图

感 言

青年应该向何处去?这是20世纪初的"后浪"们上下求索的问题。毛泽东、蔡和森等热血青年的探索和选择为这个问题写下了答案:只有把青春热血与家国命运融为一体,才能创造国家和个人更美好的未来。今日"后浪"当如是!

> **链　接**

毛泽东和同学们的"穷游"

穷游是时下年轻人喜欢的时尚旅游方式。毛泽东在长沙求学期间，也曾邀请同学一道，数次"穷游"潇湘，主要目的是阅读社会"无字之书"。这也是毛泽东日后注重调查研究的开端。

1917年暑期，在湖南省立第一师范学校读书的毛泽东邀了在楚怡学校教书的学长萧子升，两人各带一把雨伞、一个挎包，装着简单的换洗衣服和文房四宝，外出游学。他们历时一个多月，行程900多公里，游历了5个县，做了贴近民生的社会考察。

后来毛泽东在接受斯诺采访时回忆：一个名叫萧瑜（萧子升）的学生和我做伴，我们走过5个县，没有花一个铜板。农民们既给我们吃的，又给我们地方睡觉；所到之处，我们都受到很友善的欢迎和款待。

1918年夏天，毛泽东、蔡和森从岳麓山下刘家台子出发，沿洞庭湖东南岸经湘阴、岳阳、平江、浏阳几县，游历了半个多月。其间全靠替人写对联、信件，种菜，弄庄稼换得食宿。实在没有地方睡，他们就露宿野外。他们经常和农民促膝交谈，了解民情，宣传新思想。

毛泽东和同学们的"穷游"，实际上是他们最早的社会调查。通过游学，了解了当下中国的民情习俗和社会状况，为他们日后走上具有中国特色的革命道路打下了坚实的基础。

湖湘青年：勇立五四潮头

◎湖南日报·新湖南客户端记者 刘燕娟

| 铭　刻 |

　　五四运动是中国人民彻底的反对帝国主义、封建主义的爱国运动，从华北平原激荡全国，一群心怀忧患、担当奋斗的湖南青年勇立五四运动的潮头，吹响战斗号角。

| 追　寻 |

　　新年伊始，阳光洒落橘子洲头，青年毛泽东雕像静静伫立着，凝望着滔滔北去的江水。

　　百年前的湘江两岸，浩浩荡荡的新思潮奔腾澎湃，启迪一批批湖湘新青年发现自己的力量，融入时代的洪流。

　　时间倒回到1919年春，26岁的毛泽东结束"北漂"，从上海回到长沙，从事他人生当中第一份正式工作——在长沙修业小学担任历史教员。

　　1919年5月4日，轰轰烈烈的五四运动爆发，如一声惊雷在中国大地炸响。中国青年成为中国人民反帝反封建斗争的急先锋。一位名叫匡互生的湖南青年,走在天安门前游行队伍的最前面高喊口号,他冲进曹宅，

◆描绘五四运动的油画。资料图片

痛打章宗祥,火烧赵家楼,用熊熊火焰唤醒民众的觉醒。

消息传到长沙,湖南学生群情激昂。刚在北京接受了俄国十月革命思想的毛泽东又如何坐得住?他立即召集新民学会的会员开会,决定响应五四运动,起草了一份字数不多却激情洋溢的传单,以几个学校的名义发出。5月7日,长沙学生手执"誓死争回青岛"的旗帜上街游行。

学生们的怒吼,如同一道划破夜空的闪电,震醒了许多迷惘中的青年,打破了中国社会的寂静。5月25日,张国基、易礼容、彭璜等20余名各校学生代表汇集楚怡小学开会,决定成立新的湖南学生联合会,发动学生总罢课。3天后,湖南学生联合会正式成立。6月3日,在学联的组织下,长沙20所学校学生统一罢课。

从学生到工人,再到商界,几乎社会的各个阶层都参与到这场为国家命运寻求答案的运动中。五四时期的湖湘儿女走到哪里,就把革命的风暴带到哪里。

在北京,湖南青年邓中夏与何孟雄这对志趣相投的战友一起参加了天安门游行集会和火烧赵家楼的行动。在李大钊领导下,邓中夏等人还发起组织了北京大学马克思学说研究会。

在上海,湖南青年李启汉和李中接受陈独秀委派,并肩作战,共同领导工人运动。

在法国，蔡和森发起建党运动，组织了中国共产主义青年团旅欧支部。

....

"不少湖南青年听从历史和使命的召唤，勇立五四潮头，聚合改造中国与世界的力量，成为最早一批无产阶级革命者。"中共湖南省委党史研究院副院长王文珍说，他们前赴后继、自强不息，推动了中华民族自新文化运动开始的伟大觉醒，一步一个脚印地迈向1921年的伟大开端。

| 感 言 |

20世纪初，中国社会的"顶流"们大多卷入了五四爱国运动，他们对个人与国家的关系、个人对国家的责任有着非常清醒的认识。这场运动所孕育的精神思想，是值得当代青年学生继承的精神遗产。

| 链 接 |

一把火点燃"五四"的湖南人

匡互生，湖南邵阳伢子。邵阳民风彪悍尚武，匡互生少时便练就了一身武术。

五四运动前夜，正在北京高等师范学校读书的匡互生与校内外的志同道合者秘密聚会，相约暴动。

匡互生写好了遗书："我死后，要家人知道，我为救国而生，为抗敌而死，虽死而无憾！"

五四运动当天，北京13所高校的3000多名学生代表游行示威，要求惩办"卖国贼"曹汝霖、陆宗舆、章宗祥。其中，匡互生所在的北京高师队伍，最先到达天安门广场。

游行队伍在天安门受阻，回到曹汝霖个人官邸赵家楼，发现有约一连的警察在守卫。这时，匡互生发现曹宅有个窗户，他利用一身功夫，在同学们的帮助托举下，一拳砸开窗子，跃身而下。一名警察冲过来将他抱住，被匡互生击倒于地。然后，匡互生奋力拨开大门杠，大门一开，外边的同学不畏警察的刺刀，像潮水一样涌了进来。

后来很多人回忆，正是匡互生点燃了火烧赵家楼的第一把火。有的还绘声绘色地讲述匡互生放火时，被担任游行大会主席的段锡朋阻止。

段锡朋说："我负不了责任。"

匡互生毅然回答："谁要你负责任！你也确实负不了责任。"

这天，军警捕去32名学生，匡互生不在其中。他本来准备去自首，后经同学劝阻而罢。之后，匡互生继续投身于这场爱国运动中。

《湘江评论》：
一份"爆款"刊物发出的时代强音
◎湖南日报·新湖南客户端记者 周帙恒

| 铭 刻 |

由毛泽东创办的《湘江评论》，以引导民众放眼世界、改造中国为宗旨，虽然只存在了一个多月，但它精深的议论和彻底的反帝反封建的无畏精神，影响了大批青年投身到救国革命事业中来。

| 追 寻 |

百余年前的"爆款"刊物长什么样？

答案在《湘江评论》。

长沙市芙蓉区马王街28号，坐落着历经百年沧桑的修业学校。

沿着修业学校往西行进数百米，便是定王台丰泉古井社区白果园31号——当年的《湘江评论》印刷处。今天，这条被现代化高楼环绕的古巷仿佛依然回荡着百年前的足音。

◆位于长沙市芙蓉区马王街28号的修业学校。1919年7月,青年毛泽东在此创办了《湘江评论》。湖南日报傅聪摄

1919年4月,26岁的毛泽东结束"北漂"回到长沙,成为修业学校的一名教员。五四运动随即爆发,并席卷全国。在这场大潮中,毛泽东觉得湖南急需办一本刊物,以提高群众的政治觉悟,巩固群众的革命热情,发表政见,推动五四运动的深入发展。在与湖南学生联合会会长彭璜等人商议后,毛泽东决心创办《湘江评论》,从一名教员转变为意见领袖。修业学校南楼一层的一间房间便成了《湘江评论》的编辑部。

经过10多天的筹划,1919年7月14日,《湘江评论》创刊。刚一面世,《湘江评论》便以"文风新颖,通俗易懂,笔调尖锐,气势磅礴,切中封建统治的要害"受到广大青年的欢迎。创刊号2000份当天全部售出,第二天又增印2000份仍不够,于是第2期改印5000份。这个发行量在当时可谓是当之无愧的"爆款"。

毛泽东白天在修业学校教书,晚上还要写稿、编稿。有一次,朋友易礼容来看望他,无意中揭开蚊帐,不料惊动了几十只臭虫,在用作枕头的暗黄色线装书上乱窜,每一只都肚皮饱满,饱尝了《湘江评论》这位主编的血。

《湘江评论》全是白话,文字通俗而富有激情,对于热门话题更是从不缺席,从呼吁北洋军阀释放因批判时局而被捕的陈独秀到号召妇女解放,再到歌颂俄国的十月革命,甚至敢和军阀张敬尧叫板,直言湖南省的言论不自由。如今看来，毛泽东可谓是"爆款"不断的"新媒体传播高手"，而这也导致《湘江评论》第五期尚未发行就遭查封。

在《湘江评论》的影响下，一大批青年投身救国革命事业。比如郭亮、向警予，就是受到《湘江评论》的影响才投身革命的洪流之中，后来他们均成为我党早期的杰出领导人。

如今的白果园31号公馆，青砖铺地、白墙黛瓦，仍有百年前的韵致。正值元旦假期，不时有游客穿行于古巷之中追寻青年毛泽东的激荡岁月。

感 言

如何做出"爆款"，是流量时代的新闻人一直思索的问题。其实，在100年前，《湘江评论》和主编毛泽东就已经给出了答案——面向人民群众宣传主张，内容要接地气，通俗易懂，贴近民心，才能聚人气，为大众接纳和喜欢。

◆《湘江评论》印刷处旧址纪念墙。湖南日报傅聪摄

| 链 接 |

一本"打开了洞庭湖的闸门"的刊物

"世界什么问题最大?吃饭问题最大。什么力量最强?民众联合的力量最强。"

"时机到了!世界的大潮卷得更急了!洞庭湖的闸门动了,且开了!浩浩荡荡的新思潮业已奔腾澎湃于湘江两岸了!顺他的生,逆他的死。"

"如何承受他?如何传播他?如何研究他?如何施行他?这是我们全体湘人最切最要的大问题,即是'湘江'出世最切最要的大任务。"

…………

这是署名泽东的《湘江评论》创刊宣言。一个世纪前的呐喊穿透历史,划破星空,至今依然令人心潮澎湃。

《湘江评论》以"宣传最新思潮"为办报宗旨,所刊文章中影响最大、反响最强烈的当属毛泽东撰写的《民众的大联合》。此文连载于第二、三、四期,对民众大联合的必要性、可能性,大联合的方法以及民众大联合必定成功的道理进行了深刻的阐述。

"俄罗斯打倒贵族,驱逐富人,劳农两界合立了委办政府,红旗军东驰西突,扫荡了多少敌人,协约国为之改容,全世界为之震动。"毛泽东在《民众的大联合》里公开赞颂了俄国十月革命及其影响,成为他早期革命活动史上的重要一页。

湖南留法勤工俭学运动：

革命青年远渡重洋万里求索

◎湖南日报·新湖南客户端记者 周帙恒

| 铭 刻 |

一群胸怀救国梦的湖湘青年远渡重洋赴法勤工俭学，万里求索，立志"改造中国与世界"，在历史长河中留下浓墨重彩的一页。

| 追 寻 |

"中国共产党"的名称从何而来？

历史的风云，深藏在万里之外的一座小城。

法国，蒙达尔纪，一座美丽而古老的城市。这座城市的雷蒙特列街15号，坐落着中国旅法勤工俭学蒙达尔纪纪念馆。这所湖南省唯一自管、自有的海外红色纪念馆，见证了百年前一位年轻人酝酿提出"中国共产党"名称的革命豪情。

◆ 2016年8月27日，中国旅法勤工俭学蒙达尔纪纪念馆正式开馆。湖南日报罗新国摄

时间倒回到1918年，毛泽东、蔡和森等在长沙创建了新民学会，发起和组织留法勤工俭学运动。青年毛泽东虽未亲赴法国，但想方设法为赴法青年们筹集旅费，还两次赶往上海为他们送行，促成了一批先进青年外出求学、求知，为后来中国共产党人才集聚起到了重要推动作用。

蔡和森、向警予、李维汉、李富春、李立三、蔡畅、罗学瓒等湘籍革命者奔赴法国，探寻救国救民的真理。而54岁的葛健豪与儿女们一道赴法勤工俭学，更被传为佳话。

1920年7月6日至10日，新民学会在法会员在蒙达尔纪的杜吉公园召开会议，确立"改造中国与世界"的学会宗旨。蔡和森更明确地提出主张组织中国共产党，走俄国十月革命的道路，并与主张无政府主义和"温和革命"的会员展开了讨论。

蔡和森还向万里之外的祖国传播马克思主义和关于建党问题的一系列理论主张，他写给毛泽东和陈独秀的三封长信堪称"建党问题的鸿篇巨著"，成为"宣告中国共产党即将成立的光辉文献"。

1920年8月，蔡和森与毛泽东通信，交谈关于马克思主义的思想问题，提出"我意中国于二年内须成立一主义明确、方法得当、和俄一致的党"。9月16日，在给毛泽东的长信中，蔡和森阐述成立中国共产党之必要，发出"明目张胆正式成立一个中国共产党"的呐喊，并就建党原则、步骤等提出意见和设想。毛泽东回信说:"你这一封信见地极当,我没有一个字不赞成。"

在他们的书信往来中,中国革命的道路渐渐清晰;在他们的影响下,许多人坚定地选择了共产主义道路。

百年之后,依然是雷蒙特列街15号。这幢3层古朴小楼里仍摆着蔡和森当年用过的桌椅,木质桌面上,墨迹依

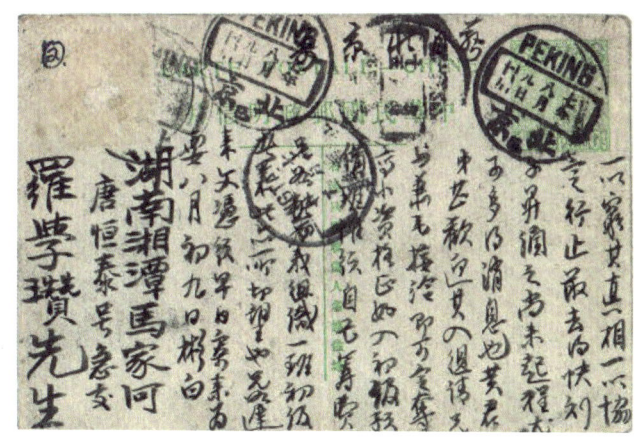

◆蔡和森写给罗学瓒关于组织赴法勤工俭学事宜的明信片。资料图片

◆部分新民学会会员在法国蒙达尔纪杜吉公园合影。资料图片

然可见。一位勤奋的年轻人对照字典翻译法语版马克思主义小册子的情景仿佛就在眼前。

据统计,到1921年5月,全国留法勤工俭学学生1600余人,湖南有360名,约占1/4,其中留法女生60名,湖南占40名。

岁月不居,时节如流。离蔡和森提出建立中国共产党已经过去一个世纪,中国共产党已成为拥有9000余万名党员、为中华民族谋幸福谋

复兴的执政党。先烈泉下有知，当感欣慰。

感 言

湖南留法勤工俭学运动已经过去了一个世纪，但那一代"书生意气、挥斥方遒"的青年革命者为了探求真理而负笈求学，用一生的时间追寻信仰、捍卫信仰的理想风貌与赤子情怀，如同耀眼的精神坐标，跨越时空，影响着百年后的中国青年追寻初心与使命。

链 接

葛健豪：携儿带女留洋求真理的伟大母亲

在中国旅法勤工俭学蒙达尔纪纪念馆，陈列着一件湘绣女衣，那是革命母亲葛健豪的杰作。她卖陪嫁求学，创办女校，解放女权，年过半百偕子女远赴法国勤工俭学，被当时西方舆论界誉为20世纪"惊人的妇人"。

1920年1月，葛健豪一行抵达法国，与同去的6名女生进入蒙达尼女子公学。在法国勤工俭学期间，葛健豪这个裹过足的中国妇女像小学生一样刻苦攻读法文，终于能用法文交流和阅读法文报刊。她积极支持儿子蔡和森与向警予、女儿蔡畅与李富春自由结婚，认为这是"向封建婚姻制度宣战"。葛健豪与蔡畅、向警予白天学习，回家后刺绣到深夜。葛健豪刺绣工艺精湛，绣品深得法国妇女喜爱，一件可卖几十法郎至上百法郎，还用换来的钱资助他人。

在法期间，葛健豪还积极参加留法学生的革命活动，支持和帮助蔡和森等人在法国的建党活动。回国之后，葛健豪积极支持子女从事革命事业，自己亦在白色恐怖下冒着生命危险投身革命活动，培养了大批革命干部。

长沙文化书社：藏于闹市的革命秘密据点

◎湖南日报·新湖南客户端记者 刘燕娟

| 铭 刻 |

长沙文化书社是传播新文化和马克思主义的重要阵地，也是湖南早期党组织的秘密联络点，为湖南党组织的最初发展作出了重要贡献。

| 追 寻 |

位于长沙市开福区的潮宗街是长沙有名的古街，古街的迷人，在于它的深藏不露。这里的一块碑、一扇门、一栋房，都可能是历史的见证。百余年前，长沙文化书社就创办于此。

20世纪早期，新文化运动带来了思想解放的潮流，随着大量新出版物的出现，湖南急需解决缺乏宣传阵地的问题。毛泽东在《文化书社缘起》中写道："湖南人现在脑子饥荒实在过于肚子饥荒，青年人尤其嗷嗷待哺。"

1920年8月，毛泽东、易礼容等在潮宗街56号租了3间房，用于开办长沙文化书社。这群20多岁的年轻人，面临的首要问题就是缺钱。

◆ 1920年8月,长沙文化书社在开福区潮宗街56号开办。资料图片

于是,他们通过融资,发动大家来入股。

此时的毛泽东已深谙商道,他在所售新书内夹入两张传单做广告。一是明确社里所销的东西,尽是较有价值的新出版物,思想陈旧的都不要;二是建议读者众筹,组织小型读书会,聚资购书,既能节约经费,又能看到很多书报。他还深谙"得网络者得天下",在全省多地布局建网,设立分社和贩卖部。

书社以新民学会会员为骨干,团结了湖南文化界、教育界、新闻界、政界、商界的社会贤达50余人,不仅争取到他们的投资,而且扩大了书社的影响,使其成为联络各界的纽带。

随着影响力越来越大,书社购销书籍的品种越来越多,经营了近300种书刊、报纸,比如《新青年》《劳动界》等,销售火爆。这些革命进步书刊,把马克思主义传播到湖南各地,唤醒并提高了湖南青年的革命觉悟。

文化书社披着商办书店的"马甲",其实还是长沙共产党早期组织和党的创立时期中共湖南支部的秘密联络点。新民学会的一些重大活动，都是在文化书社内开展的，由毛泽东发起组织的"俄罗斯研究会"在这里成立，外地共产党早期组织给长沙共产党早期组织的来信也多由书社转交。

中共一大结束后，共产国际代表马林从上海去桂林会晤孙中山，途经长沙时特意在文化书社停留，专门与毛泽东、易礼容等人聊了很长时间。

书社还承担了融资和中转站的功能，湖南党组织成立初期，经费拮据周转不过来时，通过书社向钱庄贷款。党中央每月拨给中共湘区委员会的60元活动经费，也是寄给书社转交。

1927年，长沙文化书社在马日事变中被捣毁。虽然仅经营了近7年，但它是马克思主义在湖南传播的热潮中，影响最大、传播最迅速、持续时间最长的进步革命团体，向湖南人民吹响了开展新文化运动的号角。

如今，书社旧址已难觅踪迹，仅有一座立于潮宗街旁的石碑见证着那段烽火岁月。

| 感 言 |

一个红色书社，在当时湖南政坛"你方唱罢我登场"的背景下，能存在近7年之久，可谓奇迹。有党史研究专家评价其为中国共产党所领导的革命出版事业中的一颗明珠，它全心全意为革命事业服务、为读者服务的精神，至今仍值得出版工作者学习并发扬光大。

| 链 接 |

这家众筹书社"粉丝"多

长沙文化书社成立之初，毛泽东等发起人虽囊中羞涩，但却颇有人缘。文化书社开业时，在鞭炮、鼓乐声中，时任湖南督军、省长，湘军总司令的谭延闿坐着八抬大轿来到现场。在人们的掌声中，他剪下红绸，亮出文化书社的牌匾，只见上面用颇见功底的谭氏书法写着"文化书社"四个大字。谭延闿不仅亲自为文化书社剪彩，还亲笔题写牌匾。

文化书社初办时十分困难，仅有借来的20元作为日常开支，易礼容等还用黄泥小火炉架着一个瓦钵子做饭，书社的"员工"只有生活费，没有工资。后来，发起人决定众筹，发动大家来入股，半年时间共收到股金690多元，其中当时的长沙县知事姜济寰投股300多元，长沙总商会会长左学谦投股200元，另外还有易培基、仇鳌、朱矫等，这些都是当时响当当的名字。

易培基是湖南省公署秘书长兼湖南省立第一师范学校校长。他不仅是毛泽东在一师的国文老师，还是毛泽东"驱张"赴京请愿的"同行者"，更是毛泽东的赏识者。

毛泽东等办文化书社，首先征求他的意见。易培基叫好！他认为：湖南如不补上新文化运动这一课，就无法研究当代世界的发展趋势，各种进步的新思想、新文化便无法在这块土地上落地生根。易培基还自愿充当书社发起人，出面邀集长沙各界有声望的人士参加文化书社的发起和创办工作。有了这些社会名流的参与，并且形成"统一战线"，文化书社也就有了合理合法的身份。

长沙共产党早期组织成立：
湖湘青年献身建党伟业

◎湖南日报·新湖南客户端记者 王为薇 通讯员 傅砾星、陈文红

| 铭 刻 |

作为中国共产党成立前的8个早期党组织之一，长沙共产党早期组织的成立，如同一颗火种，点燃了湖湘青年的革命热情，为中国共产党的正式成立奠定了坚实的组织基础。

| 追 寻 |

"今朝霜重东门路，照横塘半天残月，凄清如许。"这汪清水，正是百年前毛泽东笔下的清水塘。

1920年11月，毛泽东、何叔衡、彭璜、贺民范、易礼容、陈子博等6人成立长沙共产党早期组织。百年之后的清水塘畔，中国共产党长沙历史馆的展板之上，记录了这一经过。

"他们没有口号，没有宣誓，唯有心中坚如磐石的信仰。"中国共产党长沙历史馆讲解员向参观者介绍长沙共产党早期组织成立这一事件时，用了"极其隐蔽"四字。"由于是秘密工作组织，长沙共产党早期组织没有公开办公场所，其创建的具体时间、地点、名称、组成人员等也没有保存文字资料，所有活动均未以长沙共产党早期组织名义进行，

"而是以群众团体、公开合法机构以及个人名义领导和参与。"

"长沙共产党早期组织,是毛主席亲自领导创建的,具有鲜明的特色,为中国共产党的创建作出了突出贡献。"中共湖南省委党史研究院副院长王文珍介绍,长沙共产党早期组织是陈独秀委托毛泽东负责建立的。

◆长沙共产党早期组织的6名成员。一排从左到右分别为:易礼容、毛泽东、彭璜,二排从左到右分别为:何叔衡、陈子博、贺民范。资料图片

五四运动后,在毛泽东等建立的革命团体——新民学会会员中,逐渐形成了一批信仰共产主义的先进分子。毛泽东先后赴北京、上海,与李大钊、陈独秀等马克思主义者密切接触,建立了思想上和组织上的联系。关于建党问题,陈独秀明确表示"湖南由毛泽东负责"。

从上海回到长沙后,毛泽东通过新民学会会员联络进步分子,开展建党的宣传与组织活动。不久,陈独秀致信毛泽东,明确请他在长沙建立与上海同样的共产党早期组织,并先后寄来上海共产党早期组织创办的《共产党》月刊和上海出版的《共产党宣言》等。毛泽东把刊物送给青年朋友阅读,在志同道合者中间推荐和传播。经过慎重考虑,毛泽东、何叔衡、彭璜等6人在建党文件上签了名。

长沙共产党早期组织特别重视建党思想、建党原则等问题。小组创建之后,毛泽东一方面以新民学会为依托,以马克思主义研究会、文化书社、俄罗斯研究会的名义,开展马克思主义宣传活动;同时创办工人

夜校，向工人宣传马克思列宁主义，组织工会，领导工人进行斗争，促进了马克思列宁主义与工人运动相结合。

李达后来回忆称："当时党的工作很注重马列主义的宣传与工人运动两项，长沙小组的宣传与工运都有了初步成绩，从当时各地小组的情形看，长沙的组织是比较统一而整齐的。"

｜ 感 言 ｜

6位具有共产主义觉悟的湘籍革命者，于暗夜中寻找光明，谋求进步，从实践中检验真理，发展真理。他们"其作始也简，其将毕也必巨"的探索和追寻，是新时代新湖南青年学习的榜样。

｜ 链 接 ｜

投身建党伟业，湖南青年群星闪耀

都说"中兴将相，什九湖湘"。中国共产党8个早期组织中，湘籍先进青年参加了6个早期组织的创建或活动。党的一大召开前，全国58名早期共产党员中，有20名湘籍共产党员。他们接受马克思主义理论的指导，确立了仿效俄国列宁之革命以改造中国与世界的远大志向，在建党理论建树和实践活动方面写下了光辉的篇章。

除了长沙共产党早期组织之外，湖南人邓中夏、何孟雄、缪伯英、罗章龙、朱务善、李梅羹、吴雨铭、陈为人均为北京共产党早期组织成员，林伯渠、李启汉、李中、李季、陈公培均为上海共产党早期组织成员。这些先进分子的入党年纪大都是20多岁，李梅羹和陈公培年仅19岁。在这其中，还有很多个"第一"。例如缪伯英是中国共产党的第一位女党员，李中是中国共产党第一位工人党员，李梅羹第一个翻译了德文版的《共产党宣言》。

湖南劳工会成立：工人阶级在苦难中觉醒

◎湖南日报·新湖南客户端记者 黄晗、苏莉

| 铭　刻 |

作为湖南第一个真正意义上的劳工团体，湖南劳工会积极热情地领导湖南工人开展多种形式的斗争，给笼罩在黑暗中的工人群众带来了希望。它的诞生，标志着湖南工人阶级终于在苦难中觉醒。

| 追　寻 |

"前有一宽广空坪，两侧砌有围栏，中有戏台一座，习称教育会坪……"在长沙开福区巡道街，一块镌刻着"教育会坪故址"的石碑，诉说着百年沧桑巨变。

1920年11月21日，8000多人齐集于此，共同庆祝湖南第一个真正意义上的劳工团体——湖南劳工会的诞生。

要了解湖南劳工会，得从中国最早牺牲的工人运动领袖黄爱、庞人铨说起。

黄爱是常德人，庞人铨是湘潭人，两人均生于1897年，一同就读于湖南甲种工业学校。1917年毕业后，主修机械科的黄爱进了湖南电

灯公司，主修染织科的庞人铨进了湘潭织布厂，开启了他们的"打工人"生活。

1919年2月，志在工业救国的黄爱考入天津直隶专门工业学校深造，五四运动爆发后，加入了反帝爱国斗争的洪流。这年底，庞人铨在"驱张"运动期间参加了湘军，却因对军阀统治的黑暗感到愤慨，最终选择退伍回家。

五四运动时期，各种新思潮纷纷传入中国。特别是俄国十月革命胜利后，掀起社会主义和工人运动的巨大浪潮，"劳工神圣"的口号出现在报刊和进步知识分子的演讲中，劳工问题成为当时热心社会改革者特别关注的事情。

1920年9月，回到长沙的黄爱与庞人铨等决心组织湖南劳工会，发动工人起来为争取自己的权利和自由而斗争。1920年11月21日，湖南劳工会宣告成立，黄爱任教育部主任，庞人铨任出版部主任。

劳工会最初的宗旨为"团结工人、改造物质的生活、增进劳工的知识、谋求工人福利"，不做政治斗争，单搞经济运动。在毛泽东、何叔

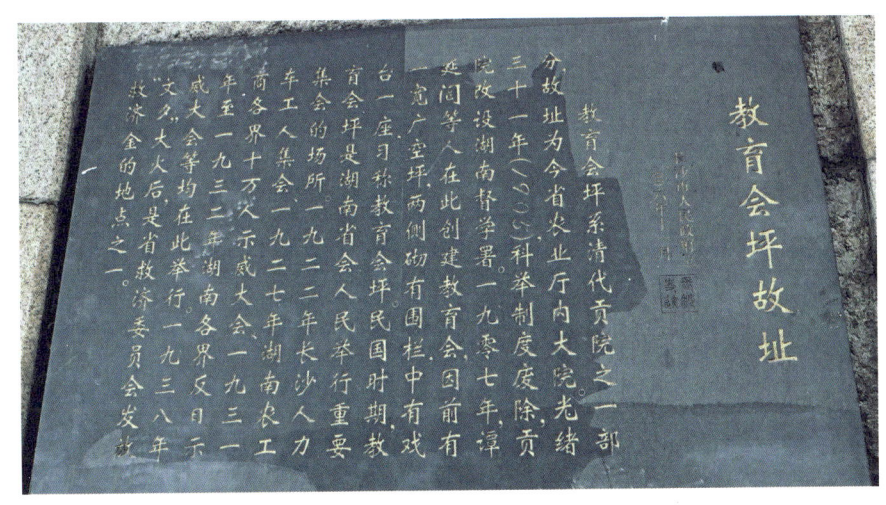

◆位于长沙市开福区巡道街的教育会坪故址石碑。1920年11月21日，湖南劳工会曾在此举行成立大会。湖南日报童迪摄

◆黄庞精神不死纪念章。右为黄爱，左为庞人铨，原件存于长沙市博物馆。资料图片

衡等的积极支持和指导帮助下，1921年下半年，黄爱、庞人铨等逐步摆脱了无政府主义的影响，接受了马克思主义，倾向中国共产党，加入了社会主义青年团。

1921年11月21日，毛泽东与黄、庞二人商议劳工会改组事宜。劳工会由原来的各工团的合议制，改变为书记制，将过去的8个部集中为书记、教育、组织3个部。黄、庞二人接受了毛泽东提出的"小组织，大联合"的主张，按照产业或行业联合的原则，改组了劳工会的基层组织，先后成立了土木、机械、印刷等10多个工会。劳工会从此进入新的发展阶段。

湖南劳工会创办了《劳工周刊》、工人夜校、女子职业学校等，以提高劳工们阶级斗争的觉悟，实行劳动组合，团结起来争取工人的幸福。劳工会发展基层工会20个，会员达7000余人，成为当时人数最多、影响最大的工人组织。

黄爱、庞人铨带领湖南劳工会组织工人开展了3次较大规模的斗争，在省内外产生了很大的影响，与此同时也遭到了反动军阀和资本家的仇视。1922年1月16日深夜，黄爱、庞人铨与华实公司代表协商调停罢工问题时，被赵恒惕派军队逮捕。次日清晨，两人就义于浏阳门外。湖南劳工会被武力解散，《劳工周刊》也被查封。

湖南劳工会虽然解散了，但湖南的工人阶级已经觉醒。很快，三湘大地就迎来了中国共产党领导的湖南工人运动第一次高潮。

感 言

面对强权和压榨,是逆来顺受,还是奋起反抗?一百年前的青年工人黄爱、庞人铨们给出了答案,率先掀起工人运动的浪潮。在黄爱、庞人铨身上,我们看到了工人阶级的力量。这种力量,激励着今天的我们,用自己的双手,为创造幸福生活而不懈奋斗。

链 接

听,《湖南劳工会的宣言》的呐喊!

百余年前,在北洋军阀的残酷统治下,中国产业工人忍受着资本家和工头的双重压迫,生活痛苦不堪:矿工每日工资只有铜圆27枚,纱厂工人最低工资只有20枚,他们每天劳动12小时,有的竟长达16小时。

湖南劳工会成立后,发布《湖南劳工会的宣言》,工人阶级发出了自己的呐喊:"醉死沉沉的劳工!一场噩梦,也应该要惊破了。"

在宣言中,湖南工人阶级大声控诉:"发达社会的产业,供给社会的需要,都是我们的血汗换来的,所以我们不仅是组织人类的一份子,并且是人类文明进化的先驱者。那么,社会上起码的相当报酬,也应该要使我们过'人的生活'才是!为什么还是紧紧的束缚,层层的压迫,简直使我们的物质生活,不能够维持肉体上适应的需要,精神生活等于零了呢?"

湖南工人阶级同时发出了觉醒之声:"社会上农有农会,商有商会,学生有校友会……独有我们在工厂里面做工的工人'付了阙如'!因此,我们的经济和教育两方面,发生了绝大的恐慌,我们的工作也减少进步了,生趣也就没有了。反过来说,如果我们想要经济和教育两方面,渐渐儿有点起色,只须我们能够结合强有力的团体——自觉自决——朝着光明的路上走去。"

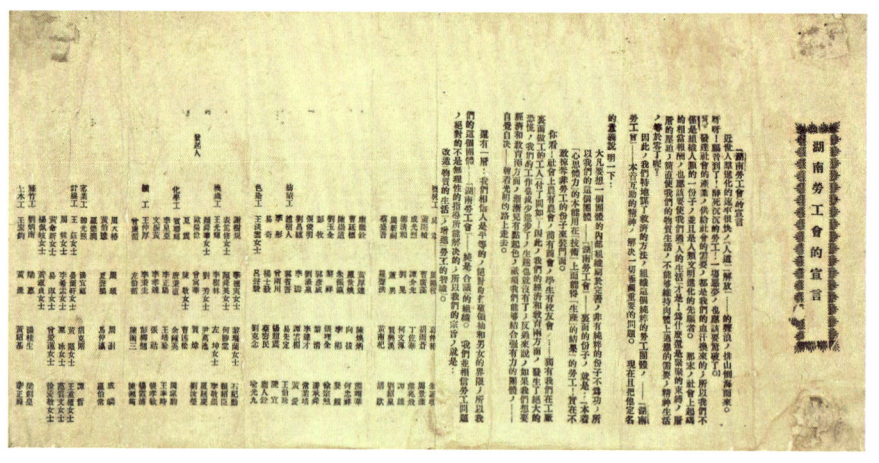

◆《湖南劳工会的宣言》原件,现存于湖南省博物馆。资料图片

更可贵的是,宣言明确指出:"我们相信人是平等的。"并明确了劳工会的宗旨就是:"改造物质的生活,增进劳工的智识。"

这些文字,是当年湖南工人阶级"站起来"发出的第一声呐喊,是苦难工人觉醒的最佳见证。

湖南省博物馆至今保存着《湖南劳工会的宣言》原件,它被鉴定为国家一级文物。

长沙社会主义青年团成立：
革命"后浪"有了自己的组织
◎湖南日报·新湖南客户端记者 于振宇、苏莉

| 铭　刻 |

　　毛泽东直接领导建立的长沙社会主义青年团，是湖南第一个团组织。自此，湖南的青年运动有了自己的核心，它所开展的活动为早期共产主义运动在湖南的发展作出了重要贡献。

| 追　寻 |

　　岁末年初，长沙市天心区书院路妙高峰下，一处灰白相间的砖木结构的建筑群在冬日阳光的照射下静静矗立，庄重典雅。这里，是湖南省立第一师范学校旧址。

　　1920年，毛泽东在这里发展了长沙最早的一批社会主义青年团员。100年过去了，莘莘学子的读书声依旧朗朗不绝。

　　100年前的中国，进步青年是革命运动的主要力量。各地共产党早期组织成立后，开展的主要活动之一就是建立青年团组织，为党培养后备力量。

　　早在1920年10月，毛泽东就开始在长沙发展团员。他先从湖南省

◆湖南省立第一师范学校旧址。1920年,时任湖南省立第一师范学校附小主事的毛泽东曾在这里筹划建立长沙社会主义青年团。湖南日报童迪摄

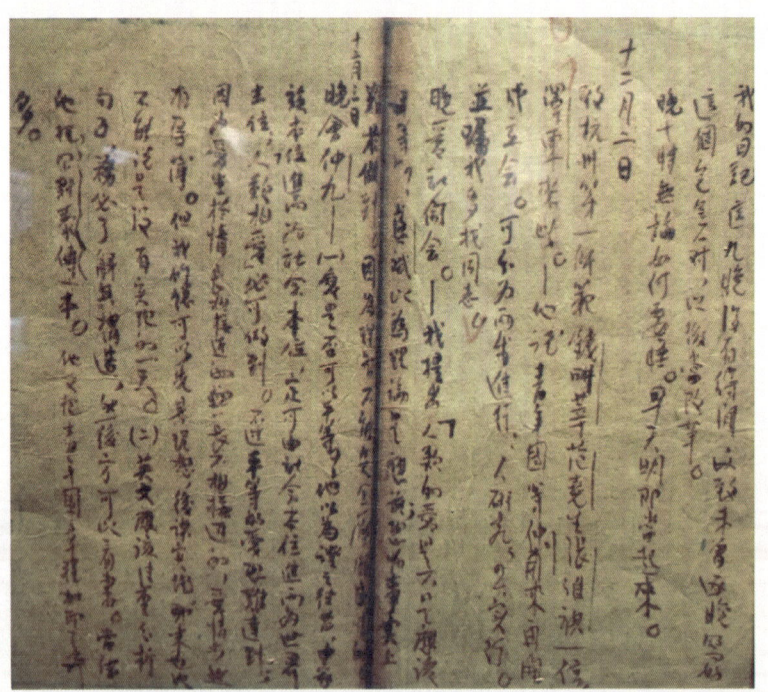

◆湖南省立第一师范学校第22班学生张文亮在1920年冬的日记中写道:"毛泽东多次嘱咐在发展团员时找真同志、中坚分子,注意建团质量。"资料图片

立第一师范学校、湖南自修大学、湖南商业专门学校、湖南省立第一中学在校师生中物色对象。不到一个月时间，就发展了郭亮、肖述凡、夏曦、陈子博、彭平之、刘少奇、柳直荀、张文亮等先进青年为社会主义青年团团员。

毛泽东从一开始就非常重视团员的政治质量。他曾经叮嘱早期团员张文亮"青年团宜注意找真同志；只宜从缓，不可急进"。换句话说，他要寻找的是"后浪"中最追求进步的那一部分人。早期团员中，有不少人就来自新民学会等进步团体。

毛泽东注重用马克思列宁主义教育青年，特别是教育受无政府主义思想影响的青年。湖南劳工会领袖黄爱、庞人铨，就是在毛泽东的帮助下，从信仰无政府主义转变为信仰马克思主义，并且加入了社会主义青年团。

1921年1月13日，长沙社会主义青年团正式召开成立大会。其他地方青年团组织建设工作也渐次展开。同年10月，衡阳、常德等地也有了地方团组织。

湖南的建党和建团工作几乎同步进行。湖南最初的团员，大多数是党员介绍发展的，团组织自觉置于同级党组织的领导之下，获得迅速稳步的健康发展。到1923年12月，长沙团组织便发展建立了25个支部，236名团员。

当时各地共产党早期组织的活动都是秘密的，而青年团的活动却可以公开或半公开。因此，青年团成为积极宣传马克思主义，发展党、团成员的重要平台，为早期共产主义运动在湖南的发展作出了重要贡献。任弼时后来评价，社会主义青年团"对建党工作在某种意义上是起了思想上和组织上的准备作用"。

毛泽东还非常重视教育团员到工农当中去。他一方面以身作则，到长沙的许多工厂，还到铁路工人、搬运工人中去了解情况，同他们交朋友。一方面，他派出重要党团骨干去工人中间做工作，发展了很多工人团员，

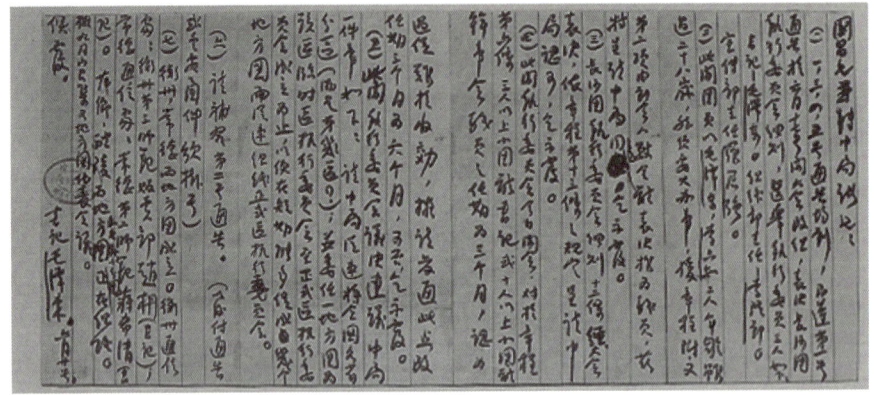

◆ 1922年6月20日,毛泽东给团中央执委会书记施存统写信,汇报长沙社会主义青年团工作。湖南日报童迪摄

使长沙社会主义青年团在全国的早期团组织当中颇具特色。

在毛泽东直接领导下,到1923年,湖南的社会主义青年团发展到700多人,成为全国团员人数最多的省份之一。

百年沧桑巨变。时至今日,湖南已拥有330万团员、13万个基层团组织,在湖南改革开放和现代化建设中焕发出勃勃生机和活力。

| 感 言 |

中国共产党诞生之初,广大进步青年在党的领导下,开展了轰轰烈烈的救亡图存运动,在民族复兴中担负起先锋重任。时隔百年,在抗击新冠肺炎疫情的斗争中,"90后"挺身而出,不怕苦、不畏难、不惧牺牲,用臂膀扛起如山的责任,不得不说,中国青年是好样的!

| 链 接 |

代表湖南团组织参加青年团一大的是谁？

1922年5月5日召开的中国社会主义青年团第一次全国代表大会，是中国青年运动的伟大里程碑。当时全国各地青年英杰云集广州，代表湖南团组织参加会议的是陈子博和易礼容。

陈子博曾在长沙长郡中学学习，与毛泽东很熟悉。五四运动时，他接受了进步思想，坚决反帝。筹建长沙文化书社时，陈子博积极协助工作，在文化书社当营业员，时常将《劳动界》等进步刊物带到工厂、街道上去叫卖。

易礼容在湘乡驻省中学堂念书时即与毛泽东相识，此后追随毛泽东从事革命活动。他加入新民学会，成为一员主将；参加"驱张"运动，发挥了积极作用；参与创办文化书社，担任经理。

由于思想进步，陈子博、易礼容均被毛泽东吸纳为湖南早期社会主义青年团成员。

不久，陈子博被选为社会主义青年团长沙执行委员会非宗教运动委员长，成为湖南早期社会主义青年团的负责人之一。1922年春，毛泽东因事赴上海，由陈子博代理长沙地方团书记。

1922年5月，易礼容代表湖南工人出席广州召开的第一次全国劳动大会。随后又同陈子博一起代表湖南出席青年团一大。易礼容在大会上做了湖南团组织情况介绍。

青年团一大开幕当天，是马克思诞辰104周年纪念日，这也表明，中国社会主义青年团是信仰马克思主义的革命团体。

青年团一大通过了中国社会主义青年团的纲领和章程。团纲规定，中国社会主义青年团是"中国青年无产阶级的组织，即为完全解放无产阶级而奋斗的组织"。

中共一大召开：
敢为人先的湖南人，深度参与了这个"开天辟地的大事变"

◎湖南日报·新湖南客户端记者 苏莉

| 铭 刻 |

中国共产党第一次全国代表大会的召开，庄严宣告了中国共产党的成立，成为20世纪中国"开天辟地的大事变"。毛泽东、何叔衡作为长沙共产党早期组织代表出席中共一大。毛泽东等湘籍建党先驱的建党思想和实践探索，为中国共产党的创建和发展发挥了巨大作用。

| 追 寻 |

湘江北去，不舍昼夜。长沙湘江一桥以南，当年的小西门码头已经不复存在，唯有杜甫江阁临江而立。

时间回到100年前。1921年6月29日下午6点，毛泽东、何叔衡一道，从长沙小西门码头出发，趁着暮色，登上了开往上海的小火轮。

当时只有极少人知道他们此行的目的。与何叔衡同在《湖南通俗报》工作的谢觉哉在日记里写道："午后六时，叔衡往上海，偕行者润之，赴全国〇〇〇〇〇之招。"这5个圆圈，谢觉哉后来解释说是代表"共产

◆ 1921年6月,毛泽东和何叔衡从长沙坐船去上海参加中共一大场景复原雕塑。资料图片

主义者"5个字,当时他知道这是件大事,怕泄露,只能以圈示意。

毛泽东、何叔衡此行是应邀参加即将召开的中国共产党第一次全国代表大会。这个后来被称为"开天辟地的大事变",当然不能少了敢为人先的湖南人。事实上,中共一大代表中,有4位湘籍党员。另外两人是上海共产党早期组织的李达和旅日共产党早期组织的周佛海。

抵达上海后,毛泽东、何叔衡住进了位于上海法租界白尔路389号(今太仓路127号)的博文女校,同住在这里的还有来自北京、济南、武汉等共产党早期组织的代表。

7月23日,中国共产党第一次全国代表大会在上海法租界望志路106号(今兴业路76号)开幕。13名代表出席大会,他们代表全国的50多名党员。13名代表平均年龄为28岁,正是风华正茂之时。共产国际代表马林和共产国际远东书记处代表尼克尔斯基出席了这次大会。毛泽东担任会议记录的工作。

7月24日的第二次会议上,毛泽东做了发言,汇报了长沙共产党早期组织的工作情况,包括组织的建立、马克思主义的宣传、工人运动的开展以及经验教训。据李达回忆:当时党的工作很注重马列主义的宣传与工人运动,共产党早期组织的宣传与工人运动都有了初步成绩,长沙的组织比较统一而整齐。

大会期间,会场突遭巡捕搜查,于是最后一次会议改到嘉兴南湖的红船上,并在会上完成了中共一大议程。大会通过了中国共产党党纲,规定了党的奋斗目标、组织原则和纪律,通过了关于当前实际工作的决议,并且确定了党成立后的中心任务是组织工人阶级,领导工人运动。大会庄严宣告中国共产党的成立。从此,中国有了以共产主义为目的、以马克思列宁主义为行动指南的统一的工人阶级政党。

中国共产党的创建,在中华民族发展史上具有深远的意义。中共湖南省委党史研究院副院长王文珍认为,毛泽东、何叔衡成为参加党的一大的湖南代表,绝不是偶然。

何叔衡年长毛泽东17岁,两人都有救国救民的远大志向和锲而不舍

◆中共一大旧址。资料图片

的坚强意志。虽然两人年纪相差比较大,但共同的理想追求让两人很快建立了友谊,成了肝胆相照的战友。他们成立新民学会,创建共产党早期组织,研究和传播马克思主义,领导工人运动,为中国共产党的成立做了理论上、思想上、组织上、干部上的准备。

"从湘江'小火轮'到南湖'红船',以毛泽东为代表的湘籍建党先驱的建党思想和实践探索,对中共一大的召开、对中国共产党的成立,贡献至大。"中共湖南省委党史研究院副院长王文珍认为:"他们在斗争实践中体现出来的敢为人先的创新精神、实事求是的务实精神、善于斗争的担当精神、爱民为民的献身精神,成为中国共产党建党精神的重要内容。"

参加中共一大之后,毛泽东向好友萧子升做出预见:"如果我们努力奋斗,共产党在三五十年内就有可能统治中国。"

会后,毛泽东、何叔衡由上海回到长沙。

历史掀开了新的一页。

| 感 言 |

中国近现代史是一部为救亡图存而英勇奋斗、艰苦探索的历史。无论在哪个阶段,"吃得苦、耐得烦、霸得蛮、不怕死"的湖南人,一直勇立潮头。轰轰烈烈的建党伟业中,也离不开湖南共产党人的身影。作为三湘儿女,与有荣焉的同时,唯有继续奋斗,才能不负时代。

| 链 接 |

筹备中共一大的这个湖南人,你了解吗?

毛泽东赴上海参加中共一大之前,收到湖南老乡李达的来信邀请。李达是湖南永州人。作为上海共产党早期组织负责人,他承担了中共一大的筹备、组织和召集工作。

李达早年留学日本,从日本报刊和书籍中接触到马克思主义。1920年8月,他从日本回国,开始进行中国共产党的筹建活动。李达一回到上海,就拜访了久仰的陈独秀。他们第一次见面便谈得非常投机。李达寄住在老渔阳里2号——陈独秀寓所的亭子间。他和陈独秀等8人成立了上海共产党早期组织,史称"中国共产党发起组"。从1921年2月到党的一大召开前夕,李达一直主持中共上海发起组工作,并代理书记。

1921年6月初,共产国际代表马林和共产国际远东书记处代表尼克尔斯基先后到达上海。马林建议李达早日召开党的全国代表大会,宣告中国共产党的成立。李达立即给在广州的陈独秀、北京的李大钊写信,商议党的第一次全国代表大会召开事宜。后来,李达等人又写信通知北京、武汉、长沙、济南、广州和旅日的党组织,要求各地党组织派两名代表到上海出席会议。

在中共一大上,李达当选为中央局宣传主任。此后,李达一直从事革命活动,成为卓有建树的马克思主义理论家,他的《社会学大纲》,被毛泽东誉为是"中国人自己写的第一本马克思主义哲学教科书"。中华人民共和国成立后,李达曾担任湖南大学校长、武汉大学校长等职务。

湖南自修大学：
最早培养革命人才的"职业学校"

◎湖南日报记者刘燕娟 通讯员孙宸、张璐

| 铭　刻 |

　　湖南自修大学是中国共产党成立后全国第一所研究、传播马克思主义，培养革命干部的新型学校，为党培养了一批优秀的革命人才。

| 追　寻 |

　　当古代书院遇上干部学校，这种结合没有丝毫违和感。百年前的湖南自修大学，坐落在长沙市中山东路74号的一个单层三进的四合院。

　　毛泽东、何叔衡出席中共一大回到长沙后，为培养党的干部和掩护革命活动，于1921年8月中旬利用船山学社的社址和经费创办了湖南自修大学，贺民范任校长，毛泽东任教务长。

　　这里的教员，个个都是"金牌教师"。著名教育家蔡元培是名誉校董，李大钊、陈独秀等曾应聘做过指导，中国共产党创始人之一的李达应聘任学长。邀请革命活动家来校讲学，也是常有的事，邓中夏、恽代英曾来此做过演讲。

◆位于长沙市中山东路74号的湖南自修大学旧址。湖南日报童迪摄

◆湖南自修大学旧址内的展示板上为该校培养的部分优秀学员。湖南日报童迪摄

既然是一所干部培训学校,可见招生门槛并不低。《入学须知》中提到,要考察学生"对于人生观的主张""对于社会的批评"等项目,并明确规定学员求学的目的在于改造社会。

学校最初收录学员24人,大都为中共党员、社会主义青年团团员和革命青年骨干,第一个报名入校的是夏明翰。学生入学不收学费,寄宿只收伙食费。后来,为满足一般知识青年和青年工人的要求,才于1922年9月新增附设补习学校。

当时的湖南自修大学已开始注重素质教育,学校《组织大纲》中规定设文法两科,但实际学习内容主要为马克思主义著作。学校将原来的船山学社藏书楼改为图书馆,大量采购进步书刊,提倡用"头脑风暴"代替死记硬背,自己看书、自己思索,共同讨论、共同研究,要求"学生不但修学,还要有向上的意思,养成健全的人格,煎涤不良的习惯"。

学校非常重视社会实践,要求学生一边学习,一边从事生产劳动,把参加工人运动、学生运动和反帝反封建斗争作为主课之一。在中共湘区委员会的领导下，学员们发动和组织了全省第一次工人运动高潮。1922年10月，毛泽东、易礼容等人组织领导长沙泥木工人大罢工，掀起了长沙工人运动的高潮。此外，学员们还成立了湖南青年救国团、湖南外交后援会。

由于湖南自修大学宣传革命思想在社会上产生了广泛的影响，引起了反动派的不安。1923年11月，赵恒惕政府以"该校所倡学说不正，有碍治安"为由，下令查封了湖南自修大学及附设补习学校。后来，大部分学生转入了由毛泽东任校董的湘江学校继续学习。

短短两年间，湖南自修大学学员达到200余人，为党培养了一批优秀革命人才。

| 感 言 |

反对死记硬背，提倡"头脑风暴"，注重理论和实际相结合……在今天看来，湖南自修大学在教学内容、课程设置、教学方法等方面进行了开创性的探索，为以后的干部教育提供了经验，在中国共产党的干部教育史上有着重要的意义。

| 链 接 |

思贤讲舍、船山学社与湖南自修大学，是建立在同一处旧址上的3个不同的文化教育机构。该旧址始建于清末光绪初年，坐北朝南，房屋为砖木结构的单层三进四合院，最早为曾国藩祠。

1881年，晚清著名思想家、中国首任驻外公使郭嵩焘在此创办了思贤讲舍，共有斋房20间，郭嵩焘担任主讲，相当于校长兼老师。讲舍内还安置了王船山的牌位，定期祭拜，为湖南省祭祀船山之始。讲舍有学生 20 余人，每月由校方供给生活费，秀才或其他文士来听课，均免费入学。讲舍最特别之处，是它的教育理念和内容，摒绝科举八股，强调伦理道德教育，注重实学，很有点"素质教育"的味道。

随着辛亥革命推翻清王朝，到了 1914 年，作为晚清教育的思贤讲舍自然也不复存在，湖南都督府民政司司长刘人熙等人在此处创办了船山学社。他们以拯救社会的精神道德为己任，编辑《船山学报》，创办船山中小学，筹建船山专祠、船山大学和船山图书馆，目的是想通过这些活动来弘扬传统国学，并依靠它改良社会。7 年后，即 1921 年，毛泽东又在船山学社办起了湖南自修大学，成为湖南人民革命的"大本营"。

该旧址在 1938 年长沙"文夕大火"中被烧毁。1954 年在原址上重建，1956 年恢复原貌并对外开放。随着历史的变迁，虽然旧址的用途各异，但房屋正中间祭祀一代宗师王夫之的场所却始终没变，承载着不同历史时期的知识分子经世致用的情怀，也反映了近代以来湖南知识分子和爱国人士探寻救国救民道路的艰辛历程。

从中共湖南支部到中共湘区执行委员会：
全国最早的省级党组织这样诞生

◎湖南日报·新湖南客户端记者 周帙恒

| 铭 刻 |

从中共湖南支部到中共湘区执行委员会，随着全国最早的省级党组织建立，湖南革命斗争有了领导核心和战斗堡垒，确保了湘区工人运动取得胜利和稳定发展，使湖南成为当时中国革命运动最活跃的地区之一。

| 追 寻 |

长沙市八一路538号清水塘畔，有一栋砖木结构的两进三开间房子，木板墙、镂空窗，门牌号为"清水塘22号"。全国最早的省级党组织——中共湖南支部、中共湘区执行委员会先后成立于此。

隆冬时节，清水塘畔腊梅飘香。遥想百年前，凛冽的寒风吹得树枝簌簌作响，青年毛泽东早出晚归，从这里出发，一步步开创光辉的革命历程。

1921年8月，毛泽东、何叔衡参加中国共产党第一次全国代表大会后回到长沙，把积极、慎重地发展党组织，筹建中共湖南支部放在首位。他们从创建党的早期组织开始，就采取三步走的方式发展新党员。第一

◆中共湘区执行委员会旧址。资料图片

◆中共湘区执行委员会旧址前,清水塘清水依旧。湖南日报童迪摄

步组织进步团体，第二步把进步团体中的先进分子发展为社会主义青年团团员，第三步再从优秀团员中吸收部分成熟的同志入党。

1921年10月，一个秋凉的日子，中国共产党湖南支部在长沙城外的协操坪成立，这是全国最早建立的省级党支部之一。支部成员有毛泽东、何叔衡、易礼容、陈子博、彭平之等人，毛泽东任支部书记。

为了解决支部办公场所的问题，支部委员易礼容以每月7块银圆的租金租下了一座青瓦平房，就是小吴门外的清水塘22号。随后，毛泽东以湖南省立第一师范学校教员的身份，偕夫人杨开慧在此居住和工作。

湖南支部建立后，开始谨慎地吸收学生和工人中的先进分子入党，在湖南自修大学、湖南省立第一师范学校、岳云中学、甲种工业学校等学校中发展了一批党员，在长沙第一纱厂、电灯公司，长沙的粤汉铁路及泥木、缝纫、印刷等行业的工人中也发展了党员。

到1922年5月，中国共产党在湖南已建立3个支部（中共湖南支部、中共安源支部和省立第一师范支部）、2个党小组（衡阳三师党小组、岳阳铁路工人党小组），有30余名秘密党员、5个共青团的地方执行委员会，领导着两个产业工会和几个手工业行会，还有独具特色的湖南自修大学及附设补习学校。成立中共湘区执行委员会的基本条件已经具备。

经中共中央批准，1922年5月，在中共湖南支部基础上建立了中共湘区执行委员会，湖南成为全国第一个由支部改为地方执行委员会的省份，毛泽东任书记，委员有何叔衡、易礼容、李立三、郭亮，区委机关依然设在清水塘22号。中共湘区执行委员会在毛泽东的领导下，开展了轰轰烈烈的工人运动、学生运动、反帝爱国运动、平民教育运动和农民运动。1922年下半年至1923年4月，先后组织了粤汉铁路、安源路矿、长沙泥木、水口山铅锌矿等10次工人大罢工斗争，掀起了湘区工人斗争高潮。到1923年，湘区有7个县和地方建立了共产党的组织。湖南成为当时全国革命运动发展最迅速的省区之一。

| 感 言 |

清水塘22号,既是一个温馨的家,也是湖南革命早期的阵地。斯是陋室,却有一波又一波的工人运动在这里策动,革命之火在这里点燃,古朴的青砖平房蕴藏着巨大的能量。

| 链 接 |

清水塘22号:毛泽东与杨开慧的革命小家

长沙清水塘22号,既是中共湘区执行委员会旧址,也是毛泽东与杨开慧共同生活的第一个家,是他们婚后居住时间最长的寓所。

因父亲杨昌济在湖南省立第一师范学校教书,杨开慧与毛泽东相识。1918年,杨昌济到北京大学任教,同年9月间,毛泽东因组织赴法勤工

◆中共湘区执行委员会旧址内毛泽东与杨开慧的卧室。湖南日报童迪摄

俭学活动也来到北京。在这期间，毛泽东和杨开慧有了更多的接触并开始相爱。1920年冬，两人在长沙举行了简朴的婚礼，结为革命伴侣，随后居住在清水塘22号。

随着中共湘区执行委员会的建立，杨开慧负责区委的机要和交通联络工作，身兼秘书、机要、文印、联络、总务等职务，成为毛泽东的得力助手。也就是在清水塘22号，毛岸英和毛岸青先后出生，为这个小家庭增添了欢乐和活力。

1923年12月，党中央通知毛泽东赴广州参加国民党第一次全国代表大会。此时，杨开慧正在娘家坐月子，而毛泽东奉命要远行，于是他写了一首词赠给爱妻："挥手从兹去。更那堪凄然相向，苦情重诉。"这首《贺新郎·别友》，无声诉说着一位丈夫与妻子凄婉离别的难舍情绪，以及对革命胜利后再次欢聚的美好愿望和坚定信念。

此后，杨开慧跟随毛泽东先后赴上海、广州等地从事革命工作。1927年，大革命失败后，毛泽东按照党的八七会议指示领导湘赣边界秋收起义，杨开慧则带着孩子回到长沙板仓开展地下斗争，两人从此别离。

中国劳动组合书记部湖南分部：

掀起湘区工人运动的澎湃浪潮

◎湖南日报·新湖南客户端记者 陈奕樊、苏莉

| 铭 刻 |

中国劳动组合书记部湖南分部成立后，湖南工人运动有了坚强的领导核心，湘区工人运动呈澎湃之势，并逐步向纵深发展，使湖南成为建党时期工人运动开展得有声有色的地区之一。

| 追 寻 |

长沙市宝南街，曾经是有名的"手机一条街"，门店林立，熙熙攘攘，一派繁荣。手持最新款手机行色匆匆的人们，丝毫不知，近100年前，这里曾经爆发过一场轰动长沙乃至全省的大罢工。这就是由毛泽东领导的长沙泥木工人大罢工。

说到这场罢工，必须先提到一个不大为人所知，但发挥了重要作用的机构——中国劳动组合书记部湖南分部。

时间回溯到1921年。中国共产党成立后，组织工会、领导工人运动成为党的中心工作。同年8月，党中央在上海成立了中国劳动组合书记部，作为中国共产党公开领导全国职工运动的总机关。11月，毛泽

东回湘组建中国劳动组合书记部湖南分部，并任分部主任。

当时的湖南并非大工业区域，产业工人人数不多，包括铁路、矿山工人在内仅3万人左右。但在毛泽东的亲自组织和领导下，湖南工人运动得到迅速发展：先后建立了24个工人俱乐部和工会，有会员4万余人，其中绝大多数是由工人中的共产党员或社会主义青年团团员担任负责人。

◆反映毛泽东领导长沙泥木工人罢工的画作。资料图片

◆中国劳动组合书记部旧址陈列馆。资料图片

"有坚强的党支部，还有一批多谋善断、有勇有为的共产党员和共青团员，站在工人运动斗争的最前列。"中共湖南省委党史研究院第二研究部部长朱柏林认为，这是湖南早期工人运动能取得斗争的胜利，并能在全国工人运动低潮中稳步健康发展的重要原因。

彼时，在赵恒惕统治下的湖南，不允许工人有集会结社的自由，惨杀黄爱、庞人铨等工人运动领袖的血腥气息还在三湘大地不断弥漫。

为争取工人阶级的正当权益，毛泽东提出要专立"劳动法"。1922年8月，中国劳动组合书记部做出开展劳动立法的决定，发布《劳动法大纲》，要求保障劳动者有集会、结社、言论、出版自由权，以及同盟罢工

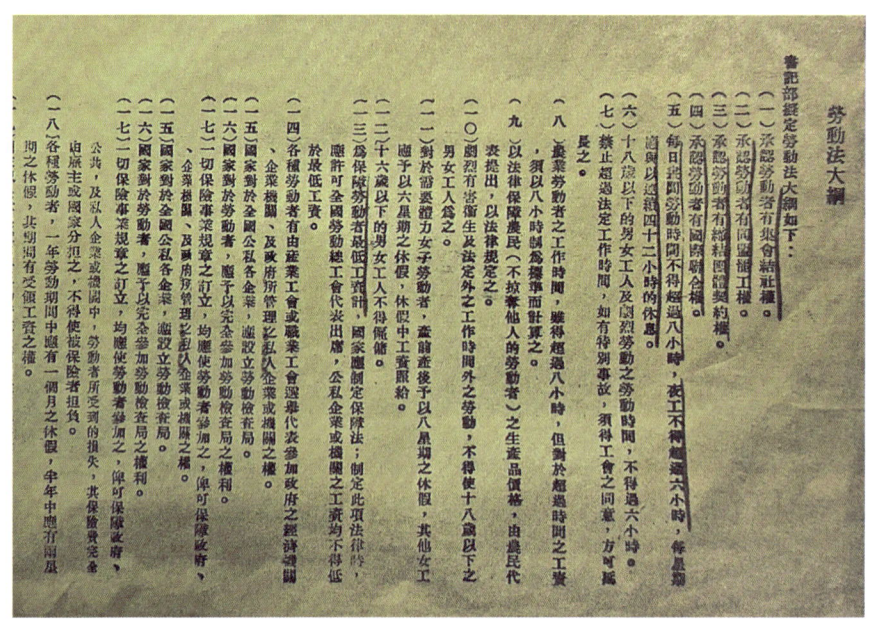

◆ 1922年8月，中国劳动组合书记部发布《劳动法大纲》。资料图片

权、缔结团体契约权等权利，成为全国第一次工运高潮中的斗争纲领。

此时，湖南的工人运动有如潮水般汹涌澎湃。粤汉铁路、安源路矿相继爆发工人大罢工。1922年10月6日，6000余名长沙泥木工人为争取增加工资，高举"硬要三角四分，不达目的不出衙门"的旗帜，拉开罢工序幕。10月23日，泥木工人再次请愿，群情激愤，斗志昂扬，逼迫赵恒惕派出政务厅厅长吴景鸿与工人代表谈判。

毛泽东担任首席谈判代表，手持《湖南省宪法》，舌战吴景鸿，交锋数小时，最终政府答应为工人增加工资和营业自由权，取得斗争胜利。

在粤汉铁路、安源路矿和长沙泥木工人罢工胜利的激励下，长沙缝纫、理发、笔业等行业的工人都举行了罢工，形成了产业、手工业工人同盟罢工浪潮。水口山铅锌矿工人的罢工和长沙铅印活版工人的罢工，则把湖南工人运动推到了高潮。

1922年11月，随着湖南全省工团联合会的成立，中国劳动组合书记部湖南分部完成了自己的历史使命。

感 言

不高高在上，俯下身子，着布衣草履深入群众，了解民生疾苦，倾听民意心声……毛泽东和他领导下的中国劳动组合书记部湖南分部之所以能取得工人的信赖，就是因为能深入工人中去。时至今日，坚持群众路线仍然是我党的制胜法宝之一。

链 接

看毛泽东在工人运动中如何打舆论战

毛泽东被称为"新华社首席记者"，早在革命斗争初期，就深谙舆论战的重要性。在领导湘区工人运动中，他非常重视舆论准备。

长沙泥木工人大罢工前，工人要求增加工资，长沙县署知事周瀛干借用"前任省长"张敬尧所定价格，拒绝工人的合理要求。

毛泽东决定动员报纸力量，让李立三在湖南《大公报》刊登《我要替泥木工人说几句公道话》一文，质问周瀛干："张敬尧已经跑了几年，'省宪'已经完全公布，还要拿张敬尧的话来做法律，岂不好笑！"并明言市场通货膨胀严重，一块银圆所值价格不可与"民国八、九年"而语，实在是"不得已议决加价"。李立三言论如同惊雷，轰动了整座长沙城。

毛泽东还亲自起草泥木工人《罢工宣言》，在长沙各大报纸上发表。《罢工宣言》用工人口吻，发出直白而有力的控诉："我们劳力工人，一天的工作，硬是把一天的阳寿和精力换来的几个钱去养家赡眷……试看他们商家，不上几天，又把价码一涨，为什么没有人反对呢？"

在这场大罢工中，毛泽东等人以笔为戈，以纸作伐，为工人们"舌战""鸣枪"，为工人们获得了广泛的社会同情和支持，为大罢工的胜利奠定了坚实的舆论基础。

承前启后的中共二大：
12名代表中，湖南籍代表占了1/4

◎湖南日报·新湖南客户端记者 施泉江、苏莉

| 铭　刻 |

1922年7月，中国共产党第二次全国代表大会在上海召开。大会制定党的最高纲领和最低纲领，第一次明确地提出彻底的反帝反封建的民主革命纲领。李达、蔡和森、罗章龙等湖南籍代表出席会议，在党的战略方针重大转变的过程中发挥了重要作用。

| 追　寻 |

上海市静安区老成都北路7弄30号（原南成都路辅德里625号），是典型的石库门里弄住宅建筑。当年这里是中共中央局宣传主任李达的寓所，如今，这栋古朴典雅的建筑已成为历史的见证。

时间回到99年前。1922年7月16日傍晚，一群年轻的共产党人又聚在一起，在这里召开了党的历史上一次十分重要的会议——中共二大。

"由于与会代表的原始资料至今存世的很少，12名代表的具体名单，给党史研究留下了一个难解之谜。"中共湖南省委党史研究院副院长王

◆中共二大会址纪念馆。资料图片

文珍说,根据中国中共党史学会编撰的《中国共产党历史重要会议辞典》对中国共产党第二次全国代表大会的词条记载:"出席大会的有中央局成员、党的地方组织的代表和参加远东各国共产党及民族革命团体第一次代表大会后回国的部分代表,他们是陈独秀、张国焘、李达、杨明斋、罗章龙、王尽美、许白昊、蔡和森、谭平山、李振瀛、施存统等12人(尚有一人姓名不详)",代表着全党195名党员。

"12位代表中能够确定的有李达、罗章龙和蔡和森3位湖南人。"王文珍说。

中共二大在党史上承前启后,诞生了许多"第一":第一次提出党的民主革命纲领,第一次公开发表《中国共产党宣言》,制定了第一部《中国共产党章程》,第一次提出党的统一战线思想——民主联合战线的思想……

"从党的一大确定直接搞社会主义革命,到二大确定首先进行民主革命,然后再进行社会主义革命,这是党的战略方针的一次重大转变。"在王文珍看来,作为占会议代表人数1/4的湖南人,在中共二大的进程中发挥了重要作用。尤其是蔡和森,在中共二大会中和会后,为党的民主革命纲领的制定、宣传,做了大量卓有成效的工作。

作为提出"中国共产党"名称的第一人,蔡和森虽然没有参加中共一大,但他的建党思想和建党活动,使他成为当之无愧的中国共产党的创始人之一。中共二大召开的前一年,蔡和森和其他留法勤工俭学学生一起回到中国,同年,他加入中国共产党。回国之后,蔡和森留在上海,在中共中央从事党的理论宣传工作。在中共二大上,蔡和森参与起草中共二大宣言,为制定党的民主革命纲领作出了贡献,并当选为中央执行委员会委员。

中共二大明确蔡和森接替李达,负责党的宣传工作,并决定将《共产党》月刊停刊,新出一种报纸为党中央机关报,由蔡和森负责筹备。1922年9月13日,第一个中共中央机关报《向导》周报在上海创刊发行,每星期三出版,16开4版,以政论、时评为主,蔡和森担任主编。

其间,蔡和森积极和陈独秀、中共国际代表马林等人协商,制定了《向导》的宣传宗旨和编辑方针。同时,他领导编辑部为《向导》精心设计

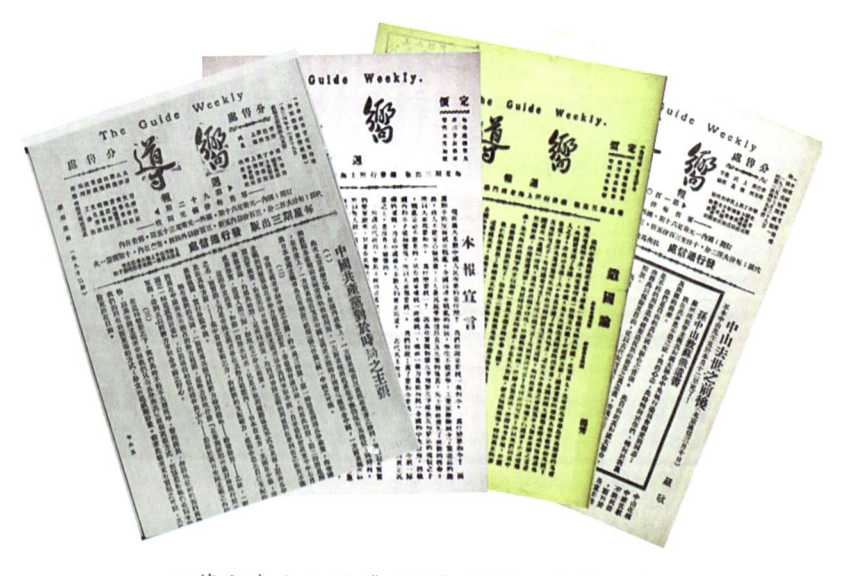

◆蔡和森主编的《向导》周报。资料图片

了丰富多彩的栏目，不仅参与写稿、组稿、改稿、编排、校对等工作，还广泛约稿，认真审稿。

从1922年9月到1925年10月，蔡和森担任了3年多的《向导》主编，共主编了116期。经过蔡和森等人不懈的努力，《向导》的社会影响日益扩大，对中共二大制定的民主革命纲领等进行了有力的宣传。

感 言

从中共一大到中共二大，一批心怀远大理想的共产党人推动这个年轻的政党迈出了承前启后的关键一步，在党的历史上诞生了多个"第一"。100年后的今天，这种自我革新的勇气、与时俱进的追求，仍然是我党永葆生机的力量源泉。

链 接

"向蔡同盟"：蔡和森和向警予的"红色浪漫"

在中共二大上，蔡和森当选中央执行委员会委员，妻子向警予当选候补委员，蔡和森为中央宣传部部长，向警予为中央妇女部部长。这在中共党史上是一段不可多得的佳话。

蔡和森、向警予相识于长沙。1919年，向警予应蔡畅之邀，在长沙发起女子赴法勤工俭学行动。同年12月25日，蔡和森、向警予、蔡畅及蔡母葛健豪等30余人远涉重洋，赴法国勤工俭学。

在法国的日子里，他们两人致力于俄国十月革命经验与马克思主义的研究，交换诗作，表达对彼此的爱恋和对革命的向往。

1920年5月，蔡和森和向警予在法国蒙达尔纪正式结婚。其结婚照为二人捧着一本打开的《资本论》。照片表明他们的结合，不仅仅是男女之间爱情上的同盟，更是革命理想事业上的同盟。婚礼上，二人还将恋爱过程中互赠的诗作编印成书,题为《向上同盟》,分赠给大家。随后,人们把他们的结合称为"向蔡同盟"。此后,向蔡二人在革命生涯中携手同行,成为革命伴侣。

中华人民共和国成立前夕,著名诗人柳亚子先生为二人写下缅怀诗句:"革命夫妻有几人,当时蔡向各成仁。和森流血警予死,浩气巍然并世尊。"

安源路矿工人大罢工：
共产党首次独立领导并完胜的工人运动

◎湖南日报·新湖南客户端记者 陈奕樊

| 铭 刻 |

安源路矿工人大罢工是中国共产党第一次独立领导并取得完全胜利的工人斗争，是中国工人运动史上永彪史册的壮举，激发了全国工人运动的蓬勃发展。

| 追 寻 |

2021年1月15日，江西萍乡安源煤矿总平巷井口，运送矿石的小火车"哐当哐当"驶入巷道深处，有着120余年历史的安源煤矿如今依然维持正常生产。百年前的1921年，毛泽东从长沙乘火车来到安源考察，第一站便是这方矿井。

毛泽东为期一星期的安源考察之行，为此后轰轰烈烈的安源路矿工人运动埋下了种子。

安源路矿是萍乡煤矿和株萍铁路的合称，地处湘赣边境。20世纪20年代初，安源路矿工人人数最多时达1.3万。工人们大多是来自湖南、湖北和江西等地的破产农民，其中，湖南籍的占了70%。在这里，

◆油画《毛主席去安源》。资料图片

工人们每天要劳动12个小时以上,下井没有任何保护用具,工资十分微薄。路矿两局还对工人任意逮捕、审讯,滥用私刑,有的工人甚至落下终身残疾。

从1901年到1919年,安源工人先后进行了7次较大规模的自发斗争,由于没有工人阶级政党的领导,这些斗争最终都以失败告终。

1921年,毛泽东来到矿井。他手提矿灯,钻进低矮的巷道深处,看到矿工们赤身裸体挖煤。他问工人为什么不穿衣服。工人说这是因为穷得没有衣服穿。他又问每天做几小时工,工资多少。工人告诉他,一天做12小时以上,工资仅有8~12个毫子。毛泽东同情地说:"你们的生活真苦哇!"有的工人说:"没法子,只怪我们自己的命苦哇!"

毛泽东说:"你这个说法不对。我们受苦不是什么命里注定的,而是帝国主义资本家压迫剥削的结果!"

目睹工人们的悲惨现状,毛泽东意识到,安源是一座"火山",是工人运动可能很快发动起来的地方。

回到长沙后,毛泽东为安源工人寄送革命刊物,宣传马列主义。此后,毛泽东多次到安源,指导工人运动。他与李立三等人商定开办夜校,建立革命团体,指导成立中国共产党在产业工人中的第一个党支部——中共安源路矿支部,由李立三任支部书记。在党支部领导下,安源路矿工人俱乐部成立了，安源路矿工人运动进入发展新阶段。

随着工人斗争情绪日益高涨，路矿两局十分恐慌，企图关闭工人俱乐部，这一举动引发了工人们极大的愤怒。1922年9月11日，刘少奇临危受命，在毛泽东的指示下赶赴安源，加强罢工领导。

9月14日凌晨两点，轰动全国的安源路矿工人大罢工爆发。是夜，铁路工人拉响汽笛，卸下机车的重要部件，停开列车；煤矿工人砍断井下电源，高举斧头、岩尖，如潮水般从矿井、工棚、街头巷尾蜂拥而出。遵照毛泽东"哀而动人"的策略，工人们高呼罢工口号："从前是牛马，现在要做人！"

工人俱乐部向路矿两局提出了17项要求。刘少奇作为工人俱乐部全权代表只身深入虎穴谈判，坚持罢工条件。

经过5天的斗争，路矿两局被迫承认工人罢工条件，把相关条件合并，达成13条协议，其中最重要的一条是路矿两局承认"俱乐部有代表

◆安源路矿工会工人学校教职员工合影。资料图片

◆安源路矿工人俱乐部筹备委员会成员合影。资料图片

◆安源路矿工人大罢工谈判处旧址——萍乡煤矿公务总汇。资料图片

工人之权"。

刘少奇在《安源路矿工人俱乐部略史》中如此评述这次胜利："未伤一人，未败一事，而得到完全胜利，这实在是幼稚的中国劳动运动中绝无而仅有的事。"

罢工胜利后，党组织在工人群众中的威信大大提高，路矿工人俱乐部成员由700人发展到1.7万多人，党、团组织也获得大发展。

感 言

毛泽东在发动安源工人时说，一颗小石子一脚可以踢开，要是把很多小石子用石灰凝结在一起，结成一块大磐石，就不容易搬动了。安源路矿工人大罢工的胜利，彰显了团结起来的中国工人阶级的伟大力量。

链　接

第一张"红色股票"在安源诞生

如今,在全民炒股的时代,股票对于人们来说早已司空见惯。鲜为人知的是,99年前,安源路矿工人们就已经开始"玩"起了股票。

1922年7月,安源路矿工人消费合作社开张营业,主要售卖大米、布匹、油盐等生活必需品。随着规模和经营范围进一步扩大,流转资金严重不足,甚至出现了货品短缺的窘境。

大罢工胜利后,为了弥补资金不足,经安源路矿工人俱乐部最高代表会议决定,消费合作社在工人中发行股票。这是中国共产党历史上发行最早的"红色股票"。

现在,安源路矿工人运动纪念馆内,还陈列着一张1923年认购的"红色股票"。股票正面印有股票数量、股值金额、填开时间和持股人姓名等信息,股票背面为招股简章。

招股简章规定：五角为一股,社员每人至少认购一股,最多限购14股,股息每月以八厘四计算。股息红利以四分摊分于各股,三分留为扩充社务之基金,二分为俱乐部基金,一分为社内办事员酬劳金。

到1923年初,工人共认购股票15600余张,股金7845元。1924年12月底合作社结算时,俱乐部的基金储备由1923年的18600元增加到28321元,俱乐部成为1925年9月前中国共产党全党活动经费的两个主要储备点之一。

1925年9月,合作社已拥有资金10万余元,成为新民主主义革命初期中国共产党在工人中创办的最大的经济实体。

水口山工人大罢工：
把湘区工运推向最高潮

◎湖南日报·新湖南客户端记者 沙兆华

| 铭 刻 |

作为中共湘区委员会直接领导的工人运动，水口山工人大罢工的胜利，成功实践了毛泽东早期工运策略，沉重打击了湖南的反动势力，把湘区工运推向最高潮。

| 追 寻 |

隆冬暖阳下，常宁水口山铅锌矿2号井源源不断地"吐"出矿砂，运砂声"轰隆、轰隆"不断，打破了矿山的寂静。置身其旁，仿佛仍能感受到百年前矿工们反对压迫剥削，从地底迸发出的怒吼，响彻云霄，回旋耳畔。

时间回溯到百年前，马克思主义的传播，让光明照进了黑暗的矿井。

1921年10月中旬，毛泽东来到衡阳指导建立中共湖南省立第三师范学校党小组时明确提出，到水口山矿去，建党要与工人结合起来。衡阳党组织按照毛泽东的指示，指派党员来到水口山进行革命宣传，传播马克思主义。1922年4月，毛泽东第一次来到水口山，关心铅锌矿工人疾苦。他的到来，点燃了工人运动的火种。

"水口山工人大罢工是在毛泽东的亲自谋划、指导、帮助下取得胜利的。"中共湖南省委党史研究院副院长

◆ 1922年4月底，毛泽东来到水口山了解铅锌矿工人情况。资料图片

王文珍认为，这次大罢工是以毛泽东为代表的党组织工运策略的成功实践。

1922年9月，安源路矿工人大罢工胜利的喜讯传到水口山，矿工们都跃跃欲试。安源路矿工人俱乐部派遣有丰富斗争经验的蒋先云、谢怀德等人前往水口山，毛泽东指示他们：要加强工人的团结，工人团结得越紧，敌人越害怕。

蒋先云等人抵达后，建立党小组，发展钳工刘东轩为共产党员，筹备工人俱乐部。俱乐部报名者络绎不绝，不到两日即达3000多人。

11月27日，湖南水口山工人俱乐部在康家戏台举行成立大会。30日，俱乐部向矿局提出了"承认工人俱乐部有代表工人之权"等4条权益后遭到拒绝，随即筹备大罢工。毛泽东亲自审查修改了罢工斗争计划和罢工宣言，提出要实行"哀兵必胜、哀而动人"的战术来获取外界支持。

12月5日，俱乐部发布罢工宣言："米也贵了，布也贵了，百物都贵了。只有我们的工钱，还是照前一样……我们要救命，不得不罢工！"俱乐部将4条权益细化成18项条件。蒋先云、刘东轩肩负着工人

的重托，与矿局谈判，表明不达目的绝不开工。

水口山工人大罢工开始后，工人俱乐部就发出了请求各界援助的传单，中国劳动组合书记部湖南分部和北京总部也及时发出要求各工团予以大力援助的通告。安源、唐山等地的工人俱乐部还从经济上给水口山工人以有力的援助。工人利用敌人营垒中间的矛盾，获得了赵恒惕军阀政府炮兵连士兵的同情，士兵张贴布告，声明"决不干涉工人"。全国各工会、教育界、新闻界纷纷声援，电报如雪片般飞来，极大地鼓舞了工人的士气。

矿山停工，寂静一片，双方对峙达多日。12月27日，矿局被迫承认工人俱乐部所提的18项条件，罢工取得彻底胜利，把湘区工运推向最高潮。

中国劳动组合书记部主任邓中夏如此评价："中国矿山虽多，唯有全部组织的，只有江西之安源及湖南之水口山二处，而水口山铅矿罢工，其雄壮不亚于安源。"

值得一提的是，在水口山工人大罢工中，工人俱乐部建立监察队，对保证罢工的胜利起到了重要作用。这支最早的工人武装力量，最终奔赴井冈山，参与到中国正确革命道路的探索中去。

◆水口山工人俱乐部成立大会旧址——康家戏台。湖南日报唐俊摄

感 言

水口山铅锌矿工人罢工之前，工人们曾一次又一次自发斗争，均未能取得彻底胜利。此次罢工在党的指引和发动下，工人们第一次感受到胜利的喜悦。自从有了中国共产党，中国工人阶级就挺直了脊梁，握起了刀枪，不断淬炼成革命最彻底、信念最坚定的力量，谱写下中国革命的壮丽篇章。

链 接

幼童亦强夫！革命小将养成记

水口山工人大罢工中，几百名敲砂童工创造了轰动全国的童工大捷，其领头人正是日后的中华人民共和国的"将军大使"、国防部部长耿飚。

1922年12月21日，水口山工人大罢工已持续多日，反动矿务局再也坐不住，他们将枪口棍棒对准了矿山的敲砂童工。

水口山铅锌矿童工有几百名，他们均随着父母或逃荒、或流亡到矿上，孩子同大人一样，摆脱不了被重重压榨和剥削的命运。

13岁的耿飚就是一名敲砂童工，他的舅舅宋乔生是水口山工运骨干。面对逼迫上工的爪牙，机智英勇的耿飚和小童工们毫不示弱，他们紧握着拳头纷纷喊着："不答应条件，就不敲砂！"爪牙恼羞成怒，拿起棍子，劈头盖脸就向童工们打过来，耿飚带领童工扔石头反击。

几个矿警闻讯赶来，用枪口指着这些童工。面对敌人的枪口，耿飚与童工们仍不畏惧，一同高喊着平时的劳动号子："哇——哇——哇——"气势磅礴如同雷鸣，吓得矿警连连后退！此时，宋乔生带领工人纠察队迅速赶来，矿警和爪牙见状四散逃跑。英勇无畏的童工们赢得大捷，中国劳动组合书记部通电表扬："罢工十余日，俱乐部日夜训练，即幼童亦变为强夫矣！"

中共三大召开：
毛泽东首次进入党中央领导核心

◎湖南日报·新湖南客户端记者 于振宇、苏莉

| 铭　刻 |

中国共产党第三次全国代表大会确定了与国民党合作，建立革命统一战线的方针政策，拉开了第一次国共合作的序幕，是中国共产党走向成熟的重要开端。会上，毛泽东当选为中央局秘书，第一次进入党的中央领导核心层。

| 追　寻 |

闹中取静的恤孤院路，在广州市越秀区显得独具一格。一座砖红色三层建筑掩映在婆娑绿荫中，这里是中共三大会址纪念馆。

走进纪念馆，首先映入眼帘的是整面浮雕墙。纪念馆内的复原场景中，9位中共三大代表正围坐在长桌旁开会，身着米色西服的陈独秀站立演讲，毛泽东手执毛笔，侧耳细听。

时间回到98年前。1923年6月初，广州已进入盛夏。一个身穿蓝布长衫、操湖南口音的青年人，悄悄从上海乘船来到了广州。这是毛泽东第一次来到广州。这一年，他刚好30岁，任中共湘区执行委员会书记。

◆中共三大会址纪念馆。资料图片

◆中共三大会址。资料图片

与他前后抵达的，还有来自国内各地的党代表和工运领导，如李大钊、张国焘、谭平山、蔡和森、向警予、徐梅坤等。他们大多在半月前已接到秘密通知，前来参加在广州举行的中共三大会议。

当时的广州东山区（现已并入越秀区）还很荒僻。为安全计，负责筹备会议的广东区委临时租用了恤孤院路31号，作为秘密开会地点。

此时，京汉铁路工人运动刚刚失败，工人运动走向低潮。残酷的现实让中国共产党人认识到，要推翻帝国主义和封建军阀的统治，仅仅依靠工人阶级的力量是不够的，应该建立工人阶级和民主力量的联合战线。因此，中共三大的中心议题就是解决好革命的策略问题。

对于如何推进国民革命，建立各阶级的联合战线，中国共产党人进行了许多有益的探讨，毛泽东就是其中一位杰出代表。

早在中共三大召开之前，毛泽东就在《新时代》创刊号上发表文章，提出自己的观点。他认为，随着民族矛盾和阶级矛盾更加尖锐，国民的革命意识会日趋强烈。对于共产党来说，实现共产主义理想必须分阶段，在民主革命时期，就是要与资产阶级组成联合战线，实行国共合作。

在大会发言中，毛泽东依据粤汉铁路、安源路矿工人大罢工中注意团结各方人士的经验，论证了工人加入革命统一战线的重要性。此外，他还指出，湖南工人数量很少，国民党员和共产党员更少，可是漫山遍野都是农民，因而在任何革命之中，农民问题都是最重要的，应该把广大农民发动起来。毛泽东的这番话，给与会代表留下了深刻印象。

在中共三大报告中，陈独秀在批评了上海、北京、湖北等地的工作后，唯独表扬湖南，他说："只有湖南的同志可以说工作得很好。""湖南几乎所有拥有三万人以上的工会，都在我们控制之下。"

从6月12日至20日，中共三大通过了12份正式文件，确定了共产党员以个人身份加入国民党，与国民党进行党内合作的策略方针。同时，大会选举成立了新的中央委员会，毛泽东首次进入中央执行委员会，并当选为中央局秘书，成为中央领导核心成员。

▌感 言▐

中共三大确立国共合作的策略，表明中国共产党在革命斗争中重视团结各方力量，这也是保证革命胜利的重要因素。新时代的中国，要实现民族复兴的中国梦，同样需要心往一处想、劲往一处使，需要最大限度地团结一切可以团结的力量。

▌链 接▐

中共三大代表朱少连：从火车司机到中央执行委员会委员

与毛泽东一同代表湘区党员出席中共三大的党代表朱少连，是在安源工人运动中成长起来的工运领导人。

朱少连出生于衡阳一个普通农民家庭，1909年考入湖北铁路学校，毕业后在株萍铁路任火车司机，后在毛泽东、李立三的影响下，走上革命道路，成为安源最早被吸收入党的工人之一。

在安源路矿工人大罢工中，朱少连参与领导了具体的斗争。在刘少奇与当局谈判时，朱少连组织数千名工人围住谈判大楼，保护刘少奇的生命安全，给当局以震慑。

1923年6月，党中央决定在全国工运的成功范例之地安源选派一名代表参加中共三大。朱少连以中共安源地委书记的身份出席大会，并当选为中央执行委员会委员。

回到安源后，朱少连更加努力工作，领导安源路矿工人俱乐部创办了中共安源地委党校，使安源工人党员数量迅速增加，一度超过当时全国党员总数的1/5，安源工运进入全面发展的兴盛时期。

1928年春天，朱少连组织工农武装奔赴井冈山，因进军失利被迫转回衡阳老家。1929年1月4日，朱少连在重返安源时，被敌人设下圈套逮捕，1月8日英勇就义，年仅42岁。

岳北农工会成立：
工农"握手革命"开全国之先

◎湖南日报·新湖南客户端记者 黄晗

| 铭　刻 |

岳北农工会是中国共产党领导下的全国最早的农民革命组织之一，虽然成立不足3个月就被武力扼杀，但它却揭开了湖南农民运动的序幕。此后，中国农民"千根麻线搓成绳，自己起来救自己"的呼喊势不可挡。它也是湖南工人运动与农民运动初步结合的最典型代表，开全国工农"握手革命"之先河。

| 追　寻 |

隆冬时节，阳光喜人。

走进衡山县白果镇岳北村捷三公祠，庭院里植物景观错落有致，一片宁静与祥和。

从外观上看，捷三公祠与寻常祠堂并无二致。步入其中，方能感受到这个祠堂的独特之处，这里是省级文物保护单位岳北农工会旧址。伫立在旧址前坪的"锤子大刀梭镖"图案前，仍然能感受到那段风云历史。

时间回到1923年9月16日，农历八月初六，4000多名岳北农民

◆岳北农工会旧址。湖南日报黄晗摄

及手工业者聚集于此,欢庆象征"工农握手革命"的岳北农工会正式成立,不满24岁的白果镇青年工人刘东轩当选为岳北农工会主要负责人。

何谓"工农握手革命"?要从当时岳北农民的生存境遇说起。

岳北主要指衡山县南岳衡山以北的农村,以白果镇为中心,方圆数十里。20世纪20年代初,由于长期军阀混战,税重租苛,官吏贪婪,农民饱受压迫。白果镇是大军阀赵恒惕的"胞衣地",赵恒惕窃取了湖南省省长一职之后,对劳苦大众横征暴敛,农民生活更加苦不堪言。

岳北地区许多农民被迫到安源、水口山等地做矿工和苦力。其中,刘东轩到水口山当工人,谢怀德到安源当工人。

1922年末,工人们回到家乡岳北过春节,带来了安源路矿、水口山工人大罢工胜利的消息。尤其是参与领导水口山工人大罢工的刘东轩,那时已是共产党员。他回家后在贫苦朋友中做了许多介绍,听得大家激动不已,纷纷要求刘东轩回乡指导他们斗争。

1923年初夏,中共湘区执行委员会先后选派刘东轩、谢怀德回家乡岳北发动组织农民运动。经过几个月的串联、发动,岳北农民按照安源路矿工人俱乐部的经验,以十人团为基础,以十代表、百代表、总代表的组织形式,成立起岳北农工会,意为岳北农民与水口山工人相联合,工农"握手革命"。

"工人运动与农民运动相结合,是湘区工运又一发展的新趋势,是全国工运中独具特色的一点。"中共湖南省委党史研究院第二研究部部长朱柏林说,岳北农工会的成立,正是工人运动与农民运动初步结合的最典型代表。

成立大会选举了刘东轩、谢怀德、彭桂峰、李渭璜、杨仕润、李甘霖、旷荣七等为岳北农工会委员,由刘东轩、谢怀德任正副委员长。《岳北农工会宣言》发出了农民的觉醒之声:"现在我们知道了,要为自己解除痛苦,只有大家联合起来啊!"

岳北农工会成立后,号召农民积极投入反帝反封建反压迫的斗争。根据农民最迫切的经济要求,做出了不准囤积居奇、阻止谷米出境的决定。

◆岳北农工会部分领导成员合影。湖南日报黄晗摄

当时，白果镇大地主们将囤积的粮食偷运到长沙等地卖高价。岳北农工会率领 2000 余名农民手持木棍、锄头赶到晓岚港展开阻禁运动，将收缴的粮食全部平价分给了农民，农民欢欣鼓舞，岳北农工会因此威名远震。除了当地农民，毗邻的衡阳、湘乡、湘潭等县的农民也纷纷加入，至 1923 年 10 月初，会员剧增至 4 万多人。

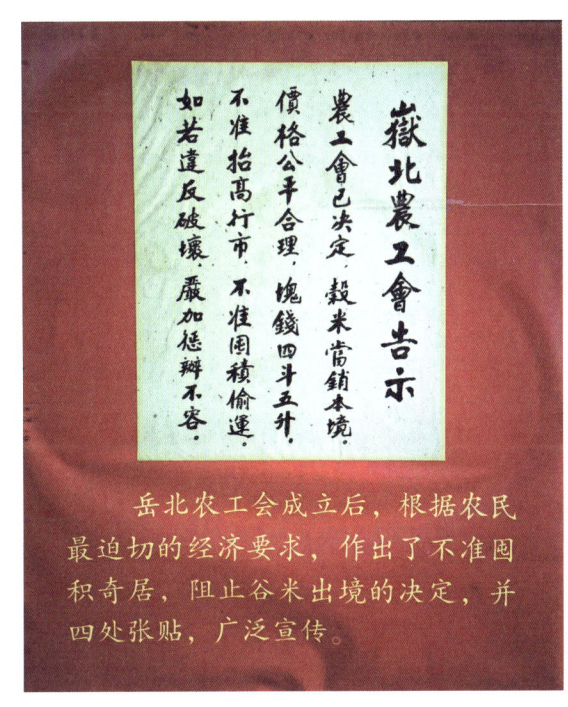

◆岳北农工会告示。湖南日报黄晗摄

农工会还开展了减租减息、退押等斗争。熊熊燃烧的革命烈火，使赵恒惕惊恐万分。1923 年 11 月 25 日，赵恒惕派兵镇压岳北农工会，焚毁会址，抓捕了 70 多名会员，枪杀了赵炳炎等 4 名区域总代表。

在赵恒惕的残酷镇压之下，岳北农工会斗争惨遭失败，但它却揭开了湖南农民运动的序幕。在广大农民中播下的革命火种，很快便在三湘大地形成燎原之势。

| 感 言 |

建党百年的两端，一头是国破家亡、民不聊生，一头是国富民强、全面小康。这也正启示我们：农民要掌握自己的命运，要思想觉醒，要组织起来，更要坚持党的领导，才能翻身把歌唱。

> **链 接**

岳北农工会领导人刘东轩的革命家庭

在衡山县,至今仍然传颂着岳北农工会领导人刘东轩一家父子四人闹革命的故事。

刘东轩参加革命后,父亲刘安益、弟弟刘亚球和盛翼联(原名刘丛然)也先后参加革命。1920年,刘亚球就跟着刘东轩一起到水口山铅锌矿当了工人,参加反抗封建压迫的工人运动。在组织领导岳北农工会的这几个月里,父亲刘安益加入了斗争,7岁的弟弟盛翼联也开始跟着父兄走脚报信。

岳北农工会失败后,刘东轩到广州农民运动讲习所学习,结业后回到湖南,以特派员身份在衡阳继续领导农民运动,积极发展党的组织,推动大革命深入发展。先后参加秋收起义,担任过祁阳县委书记等,直到1928年6月被敌人残忍杀害,时年29岁。

刘安益、刘亚球和盛翼联也投身火热的农民运动,参加工农革命军,并且加入了中国共产党。刘安益担任过中共江西省安福县委交通员,1930年,他不幸被国民党反动派杀害。刘亚球和盛翼联两兄弟身处红军的不同军团,坚定地跟党走,走过长征路,又参加了抗日战争、解放战争,为中华人民共和国的建立作出了贡献。

黄埔军校创建：
惟楚有才！湘籍学员人数居全国之冠

◎湖南日报·新湖南客户端记者 杨佳俊、苏莉

| 铭　刻 |

黄埔军校是国共合作的第一个"结晶"。在黄埔军校的创办、招生和教学过程中，湖南共产党人态度积极、措施得力、参与人数众多、作出贡献极大。黄埔军校中的湘籍学员，居全国各省第一，涌现出许多军事、政治人才。

| 追　寻 |

冬日里的长沙清水塘22号一片静谧，偶尔有一两只鸟儿振翅飞过，留下声响。

然而，97年前的1924年3月6日晚上，这里的气氛却有些紧张。当天，一名22岁的湖南青年正在这里参加一场特殊的招生考试。考试的题目只有一道——试述投考军官学校的志愿。

青年的名字叫蒋先云，他要报考的学校正是后来赫赫有名的黄埔军校。

此时的湖南，正处于军阀赵恒惕的统治之下，工人、农民运动被残酷镇压。蒋先云是水口山大罢工的领导者之一，被反动派视作"眼中钉"，

◆蒋先云照片。资料图片

因此招生考试只能以秘密的方式进行。

1924年1月,国民党一大在广州召开,决定筹办一所军事学校,在全国网罗人才,为革命培养可靠的军事力量。这年5月,在共产国际和中国共产党的帮助下,孙中山在广州黄埔正式创办中国国民党陆军军官学校(简称黄埔军校)。

然而,想要顺利地开展招生工作不是一件容易的事情。由于国民党刚刚改组,还没有在全国各地建立起严密的组织网络。因此,有着丰富斗争经验的中国共产党,就在黄埔军校的招生中发挥了十分重要的作用。各地共产党组织积极动员和选送符合条件的共产党员、青年团员和革命青年报考。在这个过程中,湖南共产党人作出了极大贡献。

刚刚在广州参加完国共合作会议的毛泽东被派往上海,和恽代英负责组织黄埔军校在上海的招生工作。在湖南的招生工作则由共产党人何叔衡负责。在他们的发动下,一大批优秀湖湘青年怀着救国救民的崇高理想报考这所军事学校。

中共湘区委员会共选送蒋先云、陈赓、彭明治、袁仲贤、刘畴西、蔡申熙、王尔琢、赵自选等100多人进入黄埔军校第一期学习,其中共产党员有50多名。

蒋先云以第一名的成绩考入黄埔军校,并以文武第一的成绩从黄埔军校毕业。从入学到毕业,他囊括了所有科目考试的冠军,创造了黄埔校史纪录。

如果说蒋先云一个人写就的是"一个学霸的传奇",那么,第一期黄埔学生中大量的湖南人则印证了"惟楚有材"的事实。黄埔军校一期毕业生 635 人中，有湘籍学员 182 人，其中湘籍共产党员 50 多人，占黄埔一期共产党员的半数以上。

黄埔军校 1930 年 9 月停办，历时 6 年，一共办了 7 期。在中共湖南党组织的动员下，湖南为黄埔军校输送了大量优质生源。黄埔军校总计 8783 名学员，其中湘籍学员有 3473 名，居全国各省第一。值得一提的是，黄埔军校培养了中国现代革命军队的第一批女兵，其中湖南籍女兵人数众多，曾宪植、谢冰莹、胡筠等都是第一批被录取的湖南女兵。

"黄埔军校的建立，是中国共产党从事严格意义上的军事活动的开始。"中共湖南省委党史研究院第二研究部部长朱柏林说，黄埔军校培养出了大量湖南籍军事人才，如左权、黄公略、段德昌、陈赓、许光达、陶铸、萧克等，他们通过黄埔军校和北伐战争的锻炼和考验，积累了革命军事理论和实践的经验，为创建人民军队，夺取革命战争的胜利，创造了有利条件。

◆位于广州市黄埔区长洲岛的黄埔军校旧址。资料图片

| 感　言 |

湖南共产党人在黄埔军校的创建过程中，作出了不可磨灭的贡献。无论在革命的哪个时期，我们总能看见湖湘儿女活跃的身影，他们奋勇争先，舍生忘死，用自己的一腔热血，为国家和民族寻找出路和希望。

| 链　接 |

"黄埔三杰"均为湖湘子弟

蒋先云和另外两名校友陈赓、贺衷寒被并称为"黄埔三杰"，他们三个都是湖南人。

三人在黄埔军校期间都是叱咤风云的人物，然而后来因为革命信仰不同，道路选择不同，最终的结局也大不相同。

蒋先云是湖南新田人，位列"黄埔三杰"之首。廖仲恺称赞他是"军

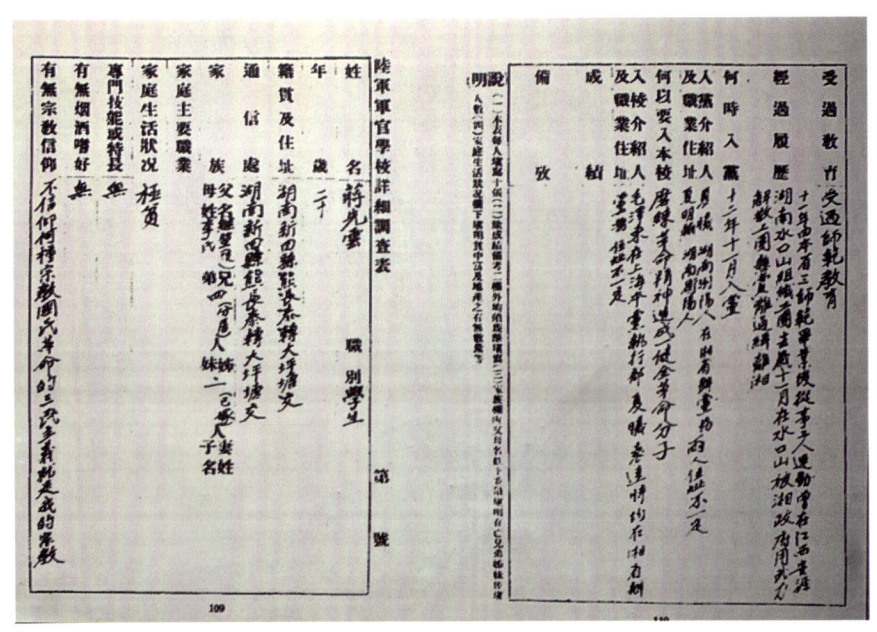

◆蒋先云填写的黄埔军校详细调查表。资料图片

校中最可造就的人才"。

在黄埔军校学习期间，蒋先云担任黄埔一期中共党支部书记一职，发展了80多名共产党员，还发起组织了广州地区青年军人联合会，成为青年军人中的领袖人物。北伐战争中，蒋先云担任国民革命军团长兼党代表。蒋先云在河南临颍与奉系军阀交战时，不幸被炮弹弹片击中，壮烈牺牲。这颗黄埔最耀眼的明星就此陨落，年仅24岁。

陈赓出生于湖南湘乡，是"三杰"中名气最大的一位，历经北伐、南昌起义、长征、抗日战争、解放战争，为中国革命和人民解放事业立下汗马功劳。1955年被授予大将军衔。

贺衷寒是湖南岳阳人。他很早就参加了革命，是董必武、陈潭秋在武汉组织的马克思主义研究会和社会主义青年团成员。然而，后来他和革命渐行渐远，加入了国民党阵营，西安事变时获罪于蒋介石，自此再也没有受到重用，长期郁郁寡欢，1972年病逝于台湾。

益阳金家堤支部：

最早的农村支部点燃革命火种

◎湖南日报·新湖南客户端记者 张璐

| 铭 刻 |

中共益阳县兰溪乡金家堤支部的建立，是中国共产党早期党员将马克思、列宁的建党学说与益阳农村革命实践相结合的尝试。它不仅是益阳党的建设的开路先锋，也是中国共产党在湖南广大农村建立基层组织创造成功经验的发端。

| 追 寻 |

益阳市赫山区金家堤村，有一栋白墙青瓦的房子，房屋前刻有"中国共产党湖南最早的农村支部——金家堤支部"字样的石碑让它与周围的建筑区分开来。

2021年1月18日，这里迎来了一个特别的参观者——90岁的老党员戴志忠。他选在自己生日这天前来参观。戴志忠说："我当了多年村支书，对基层党组织有着特殊的感情，所以在生日这天，特意带孩子们来这里学习党的历史。"

戴志忠老人在金家堤支部成立的复原场景前久久驻足。时间仿佛回到了97年前。1924年6月15日深夜，在金家堤欧阳泽家的简陋房间里，两盏煤油灯拨得特别亮，照得满室通明。

"严守机密，服从纪律；牺牲个人，阶级斗争；努力革命，永不叛党。"伴随着新党员铿锵有力的宣誓声，益阳县建立了第一个中共支部，这也是湖南农村成立最早的党支部。欧阳笛渔担任支部书记。

这个支部的建立，与欧阳笛渔有着直接的关系。

欧阳笛渔是土生土长的益阳伢子。父亲欧阳震云是清末秀才，在兰溪镇以教书为业。身为教书先生的父亲不仅教欧阳笛渔识字读书，更教他人生道理。后来，欧阳笛渔考入上海中华职业学校。求学期间，欧阳笛渔深受《新青年》等革命刊物的影响，投身工人运动，曾作为上海机器工会的代表参加共产国际在莫斯科召开的远东各国共产党及民族革命团体第一次代表大会。从莫斯科回到上海不久，欧阳笛渔就加入了中国共产党，成为当时上海的53名党员之一。

1923年，中共三大召开之后，根据大会提出的"引导工人农民参加国民革命"这一中心任务，经党组织批准，欧阳笛渔从上海回到湖南，与中共湘区执行委员会取得联系，回到家乡益阳兰溪金家堤从事党建工作和农民运动，播撒革命种子。

◆中共金家堤支部陈列馆全貌。湖南日报唐俊摄

◆中共益阳县兰溪乡金家堤支部成立时的会场旧址。资料图片

欧阳笛渔首先联络友人办起了一个读书社,并招收了30多名学生。他一面组织教师、学生学习马克思主义,宣讲革命形势,培养积极分子,一面又以读书社名义组织他们进行社会调查,秘密地进行党团员的发展工作。

1924年春,欧阳笛渔的侄子、新民学会会员——欧阳泽因病从法国回乡休养。他的归来,为欧阳笛渔增添了助力,叔侄携手开展革命工作。不久,中共湘区执行委员会委员夏曦来到金家堤,与欧阳笛渔叔侄俩一起,商讨党团组织的组建事宜,秘密发展了刘昆林、余谷松、夏四喜、邓星畲、曾慕颜等为中共党员。

1924年6月15日晚,夏曦代表中共湘区执行委员会宣布金家堤支部成立,党员8人,直属中共湘区执行委员会领导。

在金家堤党支部成立后,益阳县相继成立了中共兰溪高等小学支部委员会等7个中共支部,党员达50多人,为县一级组织的建立奠定了基础。这些共产党组织成为组织农民协会,领导农会会员与土豪劣绅、封建地主进行斗争的中坚力量,给苦难深重的益阳人民带来了光明和希望,使益阳的革命面貌为之一新。

| 感 言 |

走进金家堤支部陈列馆,一张张泛黄的老照片,一份份尘封已久的

档案，一尊尊栩栩如生的蜡像，仿佛把我们带入了血火交融的革命年代，欧阳笛渔、欧阳泽等革命先辈让人肃然起敬。一次采访，也是一次深刻的革命教育。唯有不忘初心，才能笃定前行。

| 链 接 |

欧阳泽：用生命点亮信仰

1925年，毛泽东徒步从韶山出发，经宁乡、安化后到益阳考察农民运动和党组织的建立情况。除此之外，他此行还为了看望同学兼挚友欧阳泽。

欧阳泽在湖南省立第一师范学校学习期间，与毛泽东、蔡和森等人交往密切，并于1919年加入了新民学会，1923年加入中国共产党。

老友相见，欧阳泽欣喜若狂。本来躺在床上养病的他，一跃而下，紧紧握住毛泽东的手，两人亲热地寒暄了许久。

第二天，在欧阳泽家里，欧阳笛渔将益阳建党的过程和情况向毛泽东做了详尽的汇报，并把南县、华容的工作进展也做了介绍。毛泽东听后，连连称赞，并指示：要发动农民，组织农民协会，掀起革命高潮。

一日午饭过后，欧阳泽陪同毛泽东外出散步。他们来到池塘边，当时正值日温最高的时刻，毛泽东想起自己已经许久没有游泳，于是便脱下长衫，往水中跳去。

疾病缠身的欧阳泽，看到毛泽东强健的体魄，羡慕不已，也为国家和民族的前途感到欣慰！回到家中，他饱含热泪，颤抖着写下一副对联："数万里归来，饱带一身病患；三十年过了，何功大地民胞。"

毛泽东回到屋里，看到墨迹未干的对联，肯定了欧阳泽的工作成绩，同时鼓励他振作精神，战胜病魔，继续为党工作。

然而不幸的是，欧阳泽一年后在益阳因病逝世，年仅30岁，他把自己短暂的一生都奉献给了党的革命事业。

第一次国共合作在湖南的实现：
掀起湖南民族民主革命高潮
◎湖南日报·新湖南客户端记者 秦慧英

| 铭 刻 |

国民党湖南省党部的正式建立，标志着国共合作的新局面在湖南实现，扩大了湖南革命联合战线，掀起了湖南民族民主革命的高潮。

| 追 寻 |

长沙岳麓山半山腰，麓山寺后上方处，松柏与香樟静静地守候着蔡锷墓百余年。长眠于此的蔡锷也许没有想到，他的墓庐竟然成为首次国共合作在湖南最重要的见证之地。

时间回到1923年。在广州召开的中共三大，确定了共产党员以个人身份加入国民党，与国民党进行党内合作的方针。

人们通常认为，国共合作之前，国民党是一个老党、大党，共产党是一个新党、小党。但在当时的湖南，情况却恰恰相反：在湘的国民党党员寥寥无几，组织松弛，无社会基础，加之军阀势力的压迫，逐渐停止活动，处于名存实亡的状态。而湖南共产党组织在中共湘区执行委员会的领导下，工作开展得有声有色，在中共三大上还得到了陈独秀的表

◆岳麓山上的蔡锷墓庐。岳麓山风景管理处供图

扬。因此,大革命时期湖南的国共关系中,共产党一直处于主导地位。

帮助重建国民党湖南地方组织的工作在1923年就已经开始。中共湘区执行委员会接受毛泽东的建议,派何叔衡、夏曦、刘少奇与国民党的覃振、邱维震成立筹备组,开展湖南国民党组织重建工作。当年6月,中国国民党第一、二分部在长沙正式成立,随后又在宁乡、江西萍乡成立第三、第四分部。之后,四分部联合办事处在长沙设立。全省国民党员发展至900余人。

1924年1月,中国国民党第一次全国代表大会在广州召开,确立了"联俄、联共、扶助农工"的三大政策。之后,湖南便成立了中国国民党湖南临时省执行委员会(临时省党部)。中共湘区执行委员会派遣了大批党员、团员深入各地,协助国民党左派建立市、县党部,发展国民党员。

1925年3月,孙中山在北京逝世,长沙地区在3天之内参加纪念活动的人达50万之众,规模可谓空前。而这也成为首次国共合作在湖南成功实现的关键点。以夏曦为首的国民党湖南临时省党部,不失时机地

◆部分湖南省国民党人的合影。资料图片

◆群众悼念孙中山。资料图片

在悼念孙中山和促成国民会议的活动中，吸收新党员达1500多人，迅速壮大了国民党，扩大了革命统一战线。截至当年9月，湖南已有17个县市建立了国民党组织，党员达2750人。

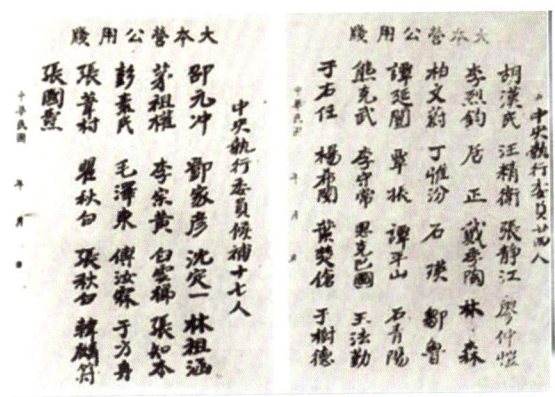

◆孙中山手书的国民党第一届中央执行委员会名单。毛泽东当选为国民党中央候补执行委员。资料图片

1925年5月25日至6月1日，国民党湖南临时省党部召集各地代表在长沙秘密举行第一次全省代表大会。因赵恒惕的军警暗探的捣乱，会场数换，多番周折，最后选在岳麓山蔡锷墓庐召开。国民党湖南省执行委员会（省党部）成立，选举10名执行委员、3名监察委员，其中除李荣植、罗宗翰、邱维震3人为国民党左派外，其余均为加入国民党的共产党员，占总数的77%。

国民党湖南省党部的正式建立，表明国共合作的新局面在湖南实现，扩大了湖南革命联合战线。

1925年11月，中共湘区执行委员会改称中共湖南区执行委员会（简称中共湖南区委）。中共湖南区委和国民党湖南省党部积极配合，在三湘四水迅速掀起了群众性的民族民主革命运动高潮。

| 感 言 |

90多年前，共产党与国民党迎来首次合作，不仅使国民党获得了新生，也极大促进了共产党的发展。求同存异、合则两利是这次合作的重要经验，对于今天来说，也仍然有着深远的历史意义和重大的现实意义。

链 接

林伯渠：第一次国共合作的桥梁

林伯渠是湖南人，早年追随孙中山先生参加革命活动。他在革命实践中逐步接受马克思主义，成为中共早期党员之一，但仍然留在孙中山身边工作。作为纽带，林伯渠为国共第一次合作立下了汗马功劳。

1921年，林伯渠首次到广西桂林，顾不上欣赏风景便直奔孙中山公馆，向孙中山引见共产国际代表马林。

1923年，林伯渠被任命为中国国民党总务部副部长。在他的介绍下，张太雷、刘少奇、彭湃等共产党员都加入了国民党。依靠这些共产党员的帮助，国民党开始在一些省份建立秘密党部。

当时，发展国民党的工作还处在秘密时期，在国民党中央执行部工作的覃振询问林伯渠："祖涵兄，现在两广、江苏、四川等省的省党部都基本上建立起来了，我们湖南的工作怎样进行呢？"

林伯渠很有把握地说："理鸣兄不必考虑，湖南我有办法，最近湖南来了一批年轻人，毛泽东在长沙搞新民学会，夏曦也是个活跃分子。我可以找他们接洽，不会有什么问题。"此后，林伯渠找毛泽东谈了几次，毛泽东答应下来。

毛泽东对林伯渠在国共合作中的地位评价颇高，曾经称赞他是国共合作的桥梁。林伯渠谦虚地回答："我算什么桥梁，顶多算是一块桥板子，守常兄（李大钊）和你们这些同志，才是真正的桥墩子。没有桥墩子，桥板子也不会稳。"

中共韶山支部：
诞生在毛泽东故居阁楼的党支部

◎湖南日报·新湖南客户端记者 周帙恒

| 铭　刻 |

中共韶山支部是毛泽东亲自创建的农村党支部。随着中共韶山支部的建立，韶山有了领导农民运动的核心与灵魂。

| 追　寻 |

韶山，中国革命的摇篮。

96年前，一颗顽强的革命火种在这里点燃，以燎原之势逐渐引向全国；如今，这颗革命火种早已融入红色沃土，见证了一个古老国家历经磨难，走向复兴的伟大历程。这颗顽强的革命火种，名叫中共韶山支部。

位于韶山村村部的中共韶山特别支部历史陈列馆，复原了96年前火种点燃的时刻——阁楼建支部。一间阁楼上，5人围坐在桌前，青年毛泽东则站在桌子旁，向大家讲述着什么，墙上还挂着一面鲜艳的党旗。

◆韶山市韶山乡韶山村中共韶山特别支部历史陈列馆内,游客在参观"阁楼建支部"群雕。湖南日报唐俊摄

时间回到 1925 年农历正月十四,毛泽东携妻子杨开慧和儿子毛岸英、毛岸青回到故乡韶山。此次携家带口返乡,不是为了走亲访友,而是要在这块土地上建立农村党支部,领导和开展农民运动,点燃农民革命的熊熊之火。

回到韶山后,毛泽东在柳季刚、毛福轩等人的协助下,从创办农民夜校入手,开展农民运动。半年时间内,20 多个秘密农民协会应运而生。

经过几个月的培养,1925 年 6 月的一个夏夜,毛泽东在韶山冲自家的阁楼上主持了毛新梅、李耿侯、钟志申、庞叔侃 4 人的入党仪式。众人紧握右拳,庄严宣誓:"努力革命,牺牲个人;服从组织,阶级斗争;严守秘密,永不叛党。"

中共韶山支部从此诞生了!毛泽东宣布,中共韶山支部由毛福轩任书记,秘密代号"庞德甫"。从此,农民革命的星星之火,开始在韶山燎原。

　　1925年8月，毛泽东离开韶山后，中共韶山支部领导韶山人民继续开展革命斗争，一浪高过一浪，并迅速辐射到邻近县市及福建、广东、广西等省区。

　　到1925年底，中共韶山支部的党员发展到110多人，又建立了7个支部，中共韶山支部随之升格为中共韶山总支。韶山成为全省农民运动开展得最好的地区之一。

　　然而，1927年马日事变后，韶山党组织遭到严重破坏，被迫转入地下。中共韶山支部最早的5位成员先后惨遭国民党杀害，史称"韶山五杰"。

　　自毛泽东建立中共韶山支部始，直至抗日战争、解放战争时期，韶山人民从来没有停止过革命斗争。据统计，革命战争年代，韶山先后有1598人为革命献身，有144人被认定为革命烈士。

　　历史不会忘记为中国农民运动抛头颅、洒热血的开拓者。当年的壮怀激烈，如今都被浓缩进了中共韶山特别支部历史陈列馆。一张张灰白的照片、一份份泛黄的史料、一帧帧模糊的影像，仍在叙说着当年的激情与壮烈。

　　"历史接力棒已经传到我们这一代人手中，我们唯有坚定不移地走共同富裕的道路，方能告慰先烈的在天之灵。"韶山村党委书记、村委会主任毛春山说。

感 言

　　"为有牺牲多壮志，敢教日月换新天。"这是阔别韶山32年的毛泽东1959年回乡后写下的豪迈诗句。沧海桑田，今日韶山冲早已"换了人间"，当年"阁楼建支部"的先烈们当感欣慰。

> 链接

名垂青史的"韶山五杰"

"当我入党之时,就抱定视死如归的意志。我认定,共产党一定会胜利,革命一定会成功。我牺牲生命,把一切贡献于革命,是为了寻找自由,为了全国人民求得解放。……要记住:共产党是杀不绝的啊!"

这是1928年,"韶山五杰"之一的钟志申就义之前,在遗书中写下的文字。

除了钟志申,"韶山五杰"还有毛福轩、庞叔侃、李耿侯和毛新梅,他们是中共韶山支部最早的一批成员。

1927年马日事变后,韶山党组织遭到严重破坏,被迫转入地下,"韶山五杰"先后为革命献身。

其中,毛新梅于1927年6月被杀害于湘乡砚池坪。就义前,他对妻子说:"好好把儿女带大,革命一定会成功。"

毛新梅就义后3个月,庞叔侃被捕,他对敌人说:"共产党员的名册我知道,但你们想从我口里得到,那是白日做梦!自从落到你们手里,我就没有想活,为革命而死,我心甘情愿。"

李耿侯随队伍上井冈山参加红军,转战湘赣边界。1928年,他在井冈山一次战斗中光荣牺牲。

1933年,毛福轩被捕入狱,他在遗书中写道:"余为革命奋斗牺牲,对于己身毫无挂虑……"

5人中,毛新梅41岁英勇就义,庞叔侃22岁牺牲,其他3人的人生都停留在30多岁。

《战士》周报：
民国"大V"，战斗力爆表
◎湖南日报·新湖南客户端记者龙文泱 通讯员刘晶

| 铭　刻 |

中共湖南区委机关报《战士》旬刊（后改为周报）是湖南最早的省委机关报，定位为"长沙评论政治刊物中之急先锋"，发挥了政治宣传的作用，对于促进全省人民投身工农运动、参与北伐战争、开展反帝反军阀斗争起了重要的推动作用。毛泽东的《湖南农民运动考察报告》就是首先在《战士》周报全文刊载的。

| 追　寻 |

当今，"大V"已成为网络时代重要的意见领袖。殊不知，在民国时期也有"大V"，他们发表"微博""长文"的载体，是现在被视为传统媒体的报纸与期刊。

第一次国内革命战争时期（1924年1月至1927年7月），革命进步期刊成了期刊出版的主流。中共湖南区委意识到"努力实现我们党的独立的政治宣传，尤其在工农群众中要随时随地公开的宣传我们所发表的政纲"的重要性，1925年12月1日，中共湖南区委机关报《战士》

◆《战士》周报。资料图片

旬刊在长沙创刊,主要刊载中共湖南区委的公告、宣言、文件和评论文章,以及有关农民运动的消息和文章。

1926年8月,《战士》在湖南《大公报》刊登改为周报的广告,自称"长沙评论政治刊物中之急先锋"。《战士》的撰稿者是当时的一批"大V":陈独秀、恽代英、毛泽东、谭平山、夏曦、李维汉、郭亮、萧述凡等,这些人均在该刊上发表过重要文章。如毛泽东考察湖南5县农民运动后,撰写了著名的《湖南农民运动考察报告》,1927年3月5日起在《战士》周报首先全文刊载。

在北伐胜利的推动和鼓舞下,湖南的农民运动蓬勃发展,引起了反革命分子的极度恐慌。他们企图通过污蔑农民运动特别是湖南的农民运动,破坏国民革命统一战线。

《战士》周报发表《旧农会与农民运动》一文,揭露了旧农会的阶级实质及其与军阀政府的关系。发表《反农民运动与反革命》,对怀疑、攻击、反对农民运动的各种言论进行了全面的批驳,明确指出:农民在国民中占80%以上,他们是最大的群众,是最痛苦、最受压迫的阶级。因此农民最积极、最革命,天生的富于反军阀、反帝国主义性,是国民革命中的一个主要动力。针对"左社"的破坏活动,《战士》发表林蔚《何物"左社"》的文章,一针见血地指出,"左社"是湖南的西山会议派,

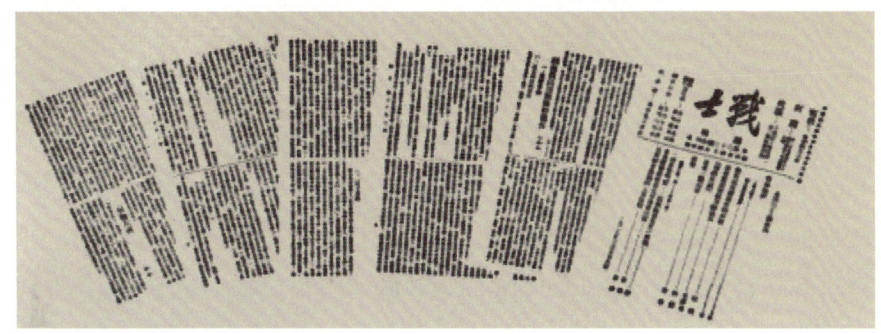

◆最早刊有毛泽东《湖南农民运动考察报告》的《战士》周报第35、36期合刊。资料图片

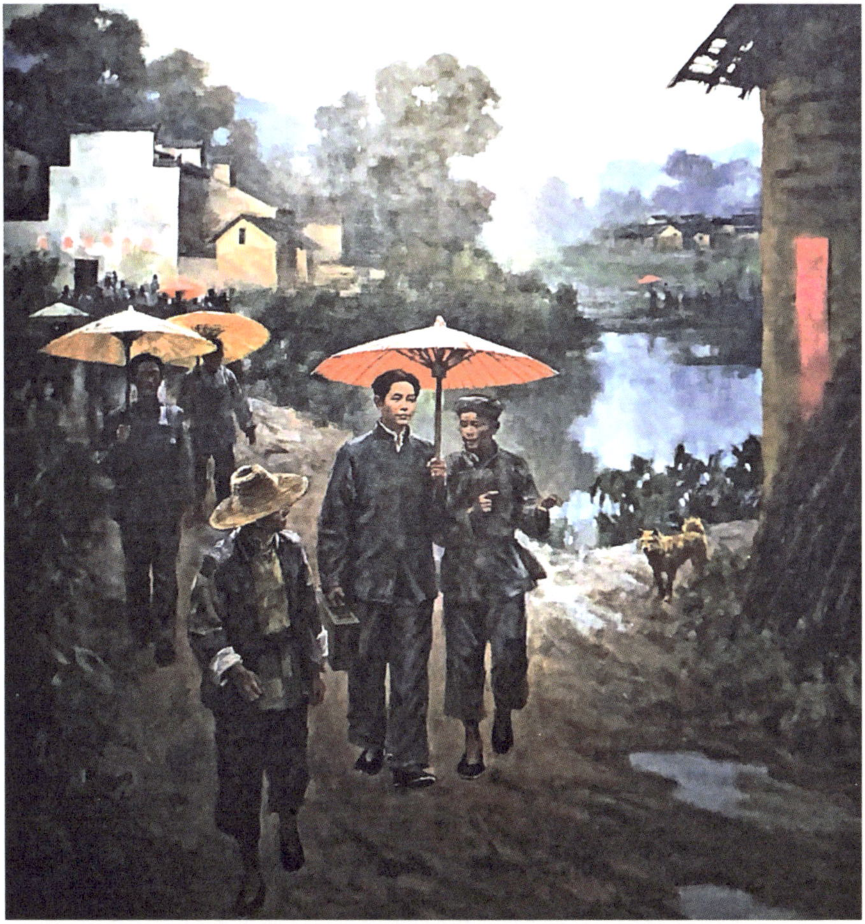

◆反映毛泽东开展农民运动考察的油画《好得很》。资料图片

是新右派的结合；其实质是"各县保产党、巩富党的大同盟"。

1926年12月，湖南第一次工农代表大会通过《没收逆产问题决议案》，要求各地农民协会负责调查逆产，报告清理逆产委员会。1927年1月21日，《战士》周报发表《对于清理逆产的几个建议》一文，明确清理逆产的范围，不仅包括军阀财产，而且包含买办、贪官、污吏、土豪劣绅的财产，提出将逆产分给贫农、赈济灾荒、充作军饷、抚恤北伐伤亡将士4个处置办法。各地农协纷纷成立仲裁委员会，清算的结果惊人。这些经济斗争，进一步激发了农民的革命积极性。

1927年4月17日，《战士》周报发表李维汉的《湖南革命的出路》。该文比较全面地分析了全省的政治经济情况，阐明了农民要求彻底解决土地问题的必然性，批驳了对农民土地要求的许多责难。并强调，湖南已发展到了一个新时期，这个新时期的中心任务，便是土地问题，解决了土地问题，便是解决了革命的出路问题。

鉴于当时局势动荡，1927年4月底，《战士》停刊，共计出版42期。这本刊物的生命虽短，但它不断地向湖南人民指明斗争的方向，提出政治口号、斗争策略和方法，对推动湖南革命运动的开展与高涨，特别是农民阶级革命力量的壮大与发挥，起到了极大的指导作用。

感 言

《战士》的办刊者与撰稿者都是第一次国内革命战争的参与者，很多是战斗在一线的共产党员。他们撰写的文章不是闭门造车、纸上谈兵，而是理论与实践的充分结合，对革命有着切实有效的指导作用。在强调新闻工作者要不断增强脚力、眼力、脑力、笔力的今天，如何打造人们喜爱的精品力作？90余年前的《战士》周报无疑值得我们学习。

链 接

紧跟社会思潮的近代湖南期刊

近代中国自戊戌变法以来，各个重要历史时期的重大社会改革运动，湖南报刊业都有参与。近代湖南期刊的产生、发展与政局的变动有密不可分的关系，随着当时社会思潮的变化消长。

清末，湖南官办期刊有《湘学新报》《湖南官报》《湖南学报》《湖南教育官报》《湖南地方自治白话报》等。除了官府，还有留日学生和民间团体办刊。

留日学生是重要办刊力量。在民族危机日益深重的形势下，他们受到资产阶级民主革命思想启发，创办刊物向国内灌输新知识、传播新思想。如善化人秦力山在日本东京创办《国民报》月刊，曾获孙中山资助；杨度、杨笃生、黄兴等在东京创办《游学译编》杂志；宋教仁等在东京创办《二十世纪之支那》，因刊登抨击日本侵华政策文章被迫停刊，同盟会在其基础上创办《民报》继续出版；宁调元等创办的《洞庭波》成为湘籍留日学生的重要言论机关，后改名《汉帜》。

辛亥革命胜利后，资产阶级民主志士认为革命已经成功，开始关注建设问题，提倡实业、发展教育成为时代潮流。湖南地方政府、行业组织及民间有识之士创办了《湖南交通报》《实业杂志》《湖南教育杂志》等。

受到五四运动和《新青年》杂志影响，长沙各学校及学生社团创办了《一中学生》《明德周报》《长郡周刊》《救国周报》等期刊。

国共第一次合作时期，革命进步期刊成为主流。除《战士》周报外，《新民周报》"多作政论，对于时事有所针砭"。也有专业文学期刊，如《湖光》半月刊有小说、诗歌、戏剧、评论等，既刊登原创作品，还翻译了莫泊桑《一种妇人的生活》等外国名著。

毛泽东发表《中国社会各阶级的分析》：
初步提出新民主主义革命基本思想

◎湖南日报·新湖南客户端记者 余蓉

| 铭　刻 |

毛泽东《中国社会各阶级的分析》一文，以马克思主义的阶级分析方法，分析了中国社会各阶级，辨明了中国革命的敌人和朋友，初步提出关于中国新民主主义革命的基本思想，堪称毛泽东思想萌芽的一篇光辉文献。

| 追　寻 |

《毛泽东选集》第一卷第一篇就是《中国社会各阶级的分析》，毛泽东把这篇文章作为《毛泽东选集》的开篇之作，可见他对这篇文章的珍视。

"谁是我们的敌人？谁是我们的朋友？这个问题是革命的首要问题。"1925年12月1日，毛泽东在国民革命军第二军司令部、政治部编辑的半月刊《革命》第四期公开发表《中国社会各阶级的分析》一文，开宗明义地提出要辨明中国革命的敌人和朋友。

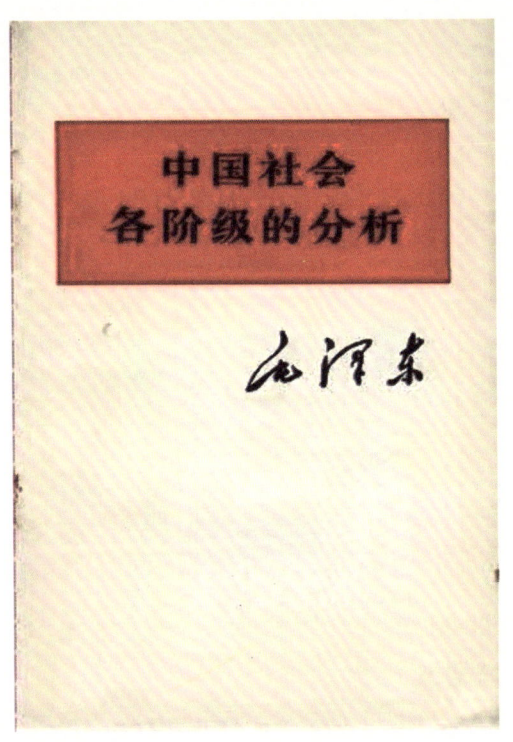

◆《中国社会各阶级的分析》。资料图片

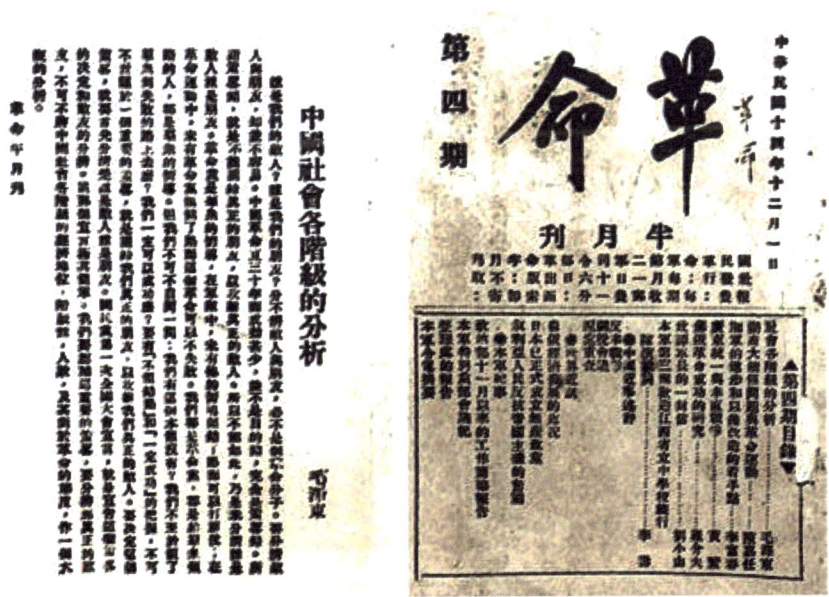

◆ 1925年,毛泽东在《革命》公开发表《中国社会各阶级的分析》。资料图片

彼时，国共合作矛盾日益加剧。国民党内两派分化——国民党左派支持革命，主张"联共""容共"；国民党右派分子则反对革命，暗地策划反共、分共的卑鄙行径。两派严重对立，内部"暗流涌动"。

共产党内也存在着两种倾向。第一种倾向以陈独秀为代表，只注意同国民党合作，忘记了农民，这是右倾机会主义。第二种倾向以张国焘为代表，只注意工人运动，不注意团结国民党内的革命力量，同样忘记了农民，这是"左"倾机会主义。

为了让党内早一些认识到"中国无产阶级的最广大和最忠实的同盟军是农民"，认识到无产阶级是革命的领导力量，同时，也认识到国民党的"革命"性，毛泽东一直酝酿着要写一篇文章。

1924年12月，因为工作困难重重，兼之劳累成疾，毛泽东请假回到湖南疗养，1925年2月回老家韶山。

这一次，毛泽东在韶山住了203天。虽说是养病，但他却并未闲着，利用这宝贵的时间和家乡的人缘之便，搞起了农民运动。毛泽东先后在毛氏宗祠、毛震公祠、李氏祠堂等处，创办了20多所农民夜校，在20多个乡成立农民协会，更加清晰地看到了蕴藏在农民中的革命力量。

1925年秋，毛泽东呕心沥血，终于写成《中国社会各阶级的分析》这篇光辉文献。在这篇文章中，毛泽东运用马克思主义的阶级分析方法，将中国社会各阶级分为五大部分，并指出："一切勾结帝国主义的军阀、官僚、买办阶级、大地主阶级以及附属于他们的一部分反动知识界，是我们的敌人。工业无产阶级是我们革命的领导力量。一切半无产阶级、小资产阶级，是我们最接近的朋友。那动摇不定的中产阶级，其右翼可能是我们的敌人，其左翼可能是我们的朋友——但我们要时常提防他们，不要让他们扰乱了我们的阵线。"

通过这样的阶级分析，毛泽东初步阐明了中国新民主主义革命的基本思想：无产阶级团结一切半无产阶级、小资产阶级，争取中产阶级的左翼，打倒帝国主义、军阀、官僚、地主、买办阶级，建立各革命阶级的联合统治，反对在中国建立民族资产阶级一阶级统治的国家，争取非资本主义的前途。

1926年，《中国农民》和《中国青年》先后转载了这篇文章，随后在广州、汕头出版单行本。本文发表前后，毛泽东还以该文为教材，在广州第五、六届农民运动讲习所和国民党政治讲习所等进行讲授。此后湖南省各县主办的农民运动干部训练班，也几乎都以此为基本教材。

感 言

《中国社会各阶级的分析》一文提出的要正确认识我国社会阶层结构的新变化，解决"依靠谁，团结谁，打击谁"这一首要问题的思想，对我们当下仍具有现实意义。在推进社会主义现代化建设的宏伟事业中，这一思想仍然闪烁着伟大的光芒。

链 接

《中国社会各阶级的分析》的三次修改

1925年12月，《中国社会各阶级的分析》（以下简称《分析》）在国民革命军第二军司令部、政治部编辑的半月刊《革命》第四期刊登，立即引起人们的普遍注意。

1926年2月，中国国民党中央农民部主办的刊物《中国农民》第二期全文转载了该文。同年3月，中国共产主义青年团的机关刊物《中国青年》致信毛泽东，对该文提出修改意见，并决定把修改后的《分析》在当月再一次发表。

毛泽东得到消息后，慎重地对《分析》进行了第一次修改。主要是对文章的结构和文字进行了加工，如第一段由原来的440多字缩减为不足200字。将大资产阶级"乃民族革命运动之死敌"改为"其政治主张之代表为国家主义"等。这次修改后，《分析》基本定型，成为现今我们所看到的版本。

中华人民共和国成立后，毛泽东仍然十分重视这篇文章，对《分析》又进行了两次修改。

第一次是1951年8月，人民出版社编辑的《毛泽东选集》要收入这篇文章。毛泽东逐字推敲，再三斟酌，对各阶级的分析，取消了原来的"第一""第二"等冠称。结论部分做了提炼与概括。其次，把"生产工具"改为"生产手段"，把"流动资金"改为"资金"，把"主力"改为"领导力量"，并使其在段落上更加明细，等等。

第二次是1952年7月，人民出版社第二次印刷《毛泽东选集》第一卷。毛泽东精益求精，对《分析》再次修改。这次修改后，文章语言更加流畅精练，思想更为准确深刻，文字修改可谓精雕细琢，其思想内容则体现了毛泽东思想的成熟形态。

毛泽东主办广州第六届农讲所：

培养农民运动"文武全才"

◎湖南日报·新湖南客户端记者 秦慧英 通讯员 曾楚萍

| 铭 刻 |

　　农民运动讲习所是在第一次国共合作时期，由共产党人彭湃等倡议，以国民党名义开办的培养农民运动干部的教育机构，培训了大批农民运动骨干，推动了各地农民运动发展。在广州举办的第六届农讲所由毛泽东担任所长，是历届农讲所中规模最大、社会影响力最大的一届。

| 追 寻 |

　　广州市中山四路42号，一座红墙黄瓦的院落，在闹市之中显得庄重古朴。门口花岗岩牌坊上的红底牌匾上镶嵌着"毛泽东同志主办农民运动讲习所旧址"十多个大字。走进院子，石板地、木棉树，一片安静祥和。

　　95年前，33岁的毛泽东身着长衫，拿着油伞，步履匆匆。这位在长沙湘江边感慨"怅寥廓，问苍茫大地，谁主沉浮"的年轻人，走进这个院落，执起了教鞭。从此，这个院落"脱胎换骨"，成为具有重大历史意义的革命纪念地。

　　1926年5月，国民革命军北伐在即，为适应北伐战争的发展，培养各地农运干部，第六届农讲所如期开办，毛泽东任所长，历时4月有余，

◆广州第六届农民运动讲习所旧址——番禺学宫。资料图片

是6届农讲所中最长的一届。

第六届农讲所原定招收30人,后因求学者甚多,陆续增加到327人。学员也从广东及周边省份扩大到全国20个省区的农民运动积极分子、优秀青年学生等。湖南的罗哲、朱子和等36人参加了本届学习。

农讲所有23名主要教员,共产党员占16名。共开设25门课程,这些课程涉及面广,使学员对革命理论、农民运动、社会政治与经济以及中外历史都有了较为全面的理解。毛泽东亲自给学生讲授"中国农民问题""农村教育""地理"等课程。他还编写了24本《农民问题丛刊》。据说,在讲授《中国社会各阶级的分析》的时候,毛泽东为了把各个阶层的关系讲清楚,还专门在黑板上画了一座多层塔。从塔基到塔顶,把工人、农民、小资产阶级、地主阶级以及帝国主义等,自下而上逐个罗列出来,然后鼓励大家:只要大家齐心团结,劳苦大众起来斗争,何愁"塔"不倒!

农讲所其他教员包括萧楚女、彭湃、周恩来、阮啸仙、恽代英、赵自选等,分别讲授政治、经济、文化和军事等方面的课程。此外还有许多社会名流如林伯渠、陈延年、郭沫若、谭平山、何香凝等到农讲所做报告或演讲。

"理论与实践相结合,政治训练与军事教育并重"是第六届农讲所的办学方针。第六届农讲所理论课程共授课13周,军事训练达10周。湖南浏阳人王首道,也是第六届农讲所的湖南学子之一。他曾回忆说,为了使学员毕业后能文能武,成为农民革命武装、农民自卫队的组织者和领导者,农讲所学员在学习期间过着艰苦、紧张的军事生活,进行严格的军事训练。

从1924年7月至1926年9月,6届农讲所共培养了754名农民运动骨干。学员们毕业后,紧急奔赴各省、区开展革命工作。

湖南先后派出91名党、团员前往广州参加农讲所学习,他们回湘后,一般都以国民党中央农民部和国民党湖南省党部农运特派员的身份深入农村,分赴各县开展农运工作。王首道和雷晋乾、贺尔康等便是这一时期涌现出来的著名农运特派员。

在广州农讲所的影响下,全国各地相继开办了40多个农讲所和农训

◆衡阳农运讲习所学员合影。资料图片

班，培养了大批革命干部。湖南长沙、衡阳、宁乡、浏阳等30多个县也举办了讲习所、训练班等，培育了大批农运骨干。这些人成为农民运动火种的播撒者，推动了湖南农民运动的发展。

感 言

得民心者得天下。只有团结广大人民群众，组织劳动人民起来斗争，革命才能成功。农讲所的成立，不仅开辟了新式农民教育道路，更培养了大批农民运动指导人才。他们像星星之火，洒向中国大地，进而点燃了中国革命的燎原之火。

链 接

唯一一届没有留下名单的农讲所学员

在广州农讲所的展览陈列资料中有一幅图，上面有当时学员在各省的分布名单。而这些有学员分布的省份，与当时国民政府北伐的进攻路线十分吻合。

据悉，农讲所自开办后，第一至第五届学员的名单都保存下来了，但是唯独第六届学员的名单无法得到确认和考证。当时正值北伐前夕，第六届学员大多来自北方，学员结束学习后将秘密回到原籍，准备发动民众，迎接北伐军。为了保护学员们的安全，当时第六届学员的名单是对外保密的。因此，他们是唯一一届没有留下名单的农讲所学员。

一直到北伐开始，北方大地上风起云涌，各地农会如雨后春笋般突然成立，在农会的配合下，北伐势如破竹，不可抵挡。这些农会的领导者就是第六届农讲所的学员们，他们回到各地后，组织农会，发展农民运动。北伐军所到之处，民众响应，建立政权。可以说，这一届农讲所学员为北伐战争的成功作出了巨大的贡献。

湖南成为北伐战争的重要战场：

工农联合助力，北伐军势不可挡

◎湖南日报·新湖南客户端记者 张璐

| 铭 刻 |

在北伐战争中，湖南战场是第一个正面主战场。北伐战争湖南战场的胜利，推翻了湖南的军阀势力，为直捣武汉消灭吴佩孚主力，并向长江下游地区进军开辟了道路。这一战场的胜利，也大大推动了湖南工农运动的蓬勃发展，使湖南成为北伐战争的可靠后方。

| 追 寻 |

"北伐军，大胜利，北伐事，快成功，齐心奋勇，直捣黄龙，中华统一，进步无限，幸福无穷。"

这首《北伐歌》词曲，印制在一块长52厘米、宽50厘米的麻质黄色手帕上，被收藏于湖南省博物馆。手帕上还印有"庆祝北伐胜利""北伐军万岁"等字样。

手帕上的《北伐歌》为何人所作，已经无法考证，但这首朗朗上口的《北伐歌》，却仿佛带我们回到了那段斗志昂扬的革命岁月。

时间倒回到 20 世纪 20 年代。那时的中国南北分裂，各军阀间为争夺地盘，扩充实力，连年混战，民不聊生。人民迫切要求广东革命政府出兵北伐，结束 10 多年来北洋军阀的黑暗统治，把他们从水深火热之中解救出来。

1926 年 1 月，国民党二大确定了北伐方针。同年 2 月，中共中央在北京召开特别会议，明确提出集中一切革命力量，准备北伐战争。

当时，湖南是反动军阀围攻广东革命根据地的前哨阵地，也是广东革命政府北伐的军事要冲，战略位置十分重要。

湖南自 1920 年以来，便为地方军阀赵恒惕所盘踞。赵恒惕打着"联省自治"的招牌，却是吴佩孚的一个附庸，成为广东革命政府北伐的巨大障碍。

1926 年 2 月，英国人在长沙公开殴打雪耻会纠察队员，长沙各界遂掀起反英驱赵（恒惕）讨吴（佩孚）运动，大街小巷张贴标语，游行示威的口号声此起彼伏。就在此时，赵恒惕军阀集团内部也发生了分化，其所属第四师师长唐生智在中共党员王基永的劝导下，倒向广东革命政府，参加北伐战争。

1926 年 4 月，吴佩孚以援赵为名，令叶开鑫攻打长沙，在重兵压迫下，唐生智退守衡阳，形势岌岌可危。如果唐军战败，不仅会给北伐出师增加很大困难，而且会危及广东根据地。鉴于这种情况，1926 年 5 月，国民政府决定派遣第七军的第八旅和第四军的叶挺独立团，作为北伐军先遣部队，协同唐军作战，揭开了北伐战争的序幕。

同年 6 月 2 日，唐生智在衡阳就任国民革命军第八军军长兼前敌中路总指挥，宣布废除赵恒惕政府的"省宪"，解散赵记省府。4 日，湖南省临时政府成立，唐生智自任省长。从此，唐生智正式加入国民革命军行列，为北伐军顺利进入湖南创造了条件，对取得北伐战争的胜利起了重要作用。

与此同时,在湘西、鄂西战场作战的左翼军对中央军起到了很好的策应作用。1926年7月,贺龙在沅陵率部参加国民革命军,任第八军第六师师长。作为北伐左翼先锋,贺龙率部东下桃源、常德,向护宪湘军贺耀祖部发动猛烈进攻。在此期间,中共湖南区委派出周逸群率队赴常德,与贺龙密切接触,成立政治讲习所,帮他培训部队骨干。同时在贺龙部队秘密发展党员,建立党支部。在中共湖南区委的鼎力支持下,贺龙部队战斗力大大提高,成功牵制吴佩孚在湘西的20个团和鄂西的8万兵力。

北伐军向长沙进军途中,中共湖南区委发动工农群众参加带路、送信、侦察、运输等工作,还组织农民自卫军直接参战。7月初,北伐军分两路向北发动进攻,相继攻克娄底、湘乡、湘潭等地,挥师直指长沙。叶开鑫见大势已去,弃城而逃。7月16日,国民党省党部召开湖南人民欢迎国民革命军北伐大会,当晚又举行提灯游街大会,参

◆北伐军在湖南渡江。资料图片

加者有工、农、商、学200多个团体，人数达五六万。8月，北伐军一路势如破竹，攻下平江，占领岳阳、临湘。至此，吴佩孚、叶开鑫部被全部赶出湖南。

| 感　言 |

回顾北伐军在湖南战场的各个战役，都得到了中国共产党领导的广大工农群众的积极参加和支援。正是因为有人民作为靠山，北伐战争的胜利才获得了最根本的保证。

| 链　接 |

叶挺独立团：屡建奇功的"铁军"

北伐战争中，叶挺率领的独立团转战湘、鄂、赣三省，行军数千里，屡建奇功，获得"铁军"的美誉。

◆1926年7月11日，国民革命军第八军李品仙师在长沙工人、学生、市民的支持下，首先进入长沙。资料图片

◆湖南革命民众敬赠北伐军纪念章和北伐胜利负伤奖章。资料图片

叶挺独立团的正规番号是国民革命军第四军独立团，组建于1925年11月，全团最初下辖有3个营及2个直辖队，约2100多人。

1925年，时任中共广东区委书记的陈延年与中共广东区委军委书记周恩来等人决定，建立一支由中国共产党直接领导的革命队伍。同年11月21日，国民革命军第四军十二师三十四团成立，共产党员叶挺担任团长。后来，三十四团番号改为国民革命军第四军独立团。

独立团设中共叶挺独立团支部，下辖6个党小组，归属中共广东区委领导。这是中国共产党在军队中设立的第一个基层党组织。团长叶挺直接向周恩来汇报工作。

叶挺以苏联红军的模式要求部队，并开展"反贪污、反打骂、反报假"的"三反"运动，将建团初期的军阀习气一扫而光。

1926年5月，叶挺独立团成为北伐先锋，战斗力最强，牺牲最巨，建功最大，为国民革命作出了重大贡献。在整个北伐战争中，独立团伤亡约有1000人，其中牺牲的有600多人。

北伐战争之后，叶挺独立团参加了八一南昌起义，并与红军其他队伍在井冈山胜利会师。会师后，部队编成二十八团，成为红四军主力团，也是后来的红一军团主力。

毛泽东考察 5 县农民运动：

94 年前的这场"新春走基层"影响深远

◎湖南日报·新湖南客户端记者 贺威

| 铭 刻 |

> 毛泽东在农民运动发展最为迅猛的湖南，专程实地考察了农民运动，并撰写《湖南农民运动考察报告》。报告提出了解决中国民主革命的中心问题——农民问题的理论和政策。在历史的紧要关头，为革命进一步指明了方向，推动了农村大革命的继续发展。

| 追 寻 |

渌水河畔，醴陵市东正街 30 号，红墙黛瓦的先农坛，在冬日阳光和蓝天的映衬下更显庄重威严。

沿着窄窄的木楼梯，登上先农坛正殿二楼，来到一间地上摆放着长凳、墙上挂着马灯的房间。时间回到 94 年前。1927 年 1 月 28 日晚上，正值农历腊月二十五，天寒地冻。马灯照亮房间，时任中共中央农民运动委员会书记的毛泽东在这里召开全县农运干部调查会，听取各地汇报，赞扬了农民的革命行动，痛斥党内外对农民运动的诬蔑和毁谤。

◆醴陵先农坛二楼阁楼。1927年1月28日晚,毛泽东在这里召开全县农运干部调查会。湖南日报贺威摄

◆毛泽东考察湖南农民运动场景复原雕塑。湖南日报贺威摄

醴陵是毛泽东开展湖南农民运动考察的第四站。1927年1月4日至2月5日，毛泽东身着蓝布长衫，脚穿草鞋，手拿雨伞，提着装有笔记本的袋子，对湘潭、湘乡、衡山、醴陵、长沙5县的农民运动开展实地考察。

当时，在北伐战争胜利的推动下，农民运动蓬勃发展起来，却遭到了国民党右派和封建地主豪绅的破坏诋毁，也遭到了党内右倾机会主义者的怀疑和责难。

农民运动到底好还是不好？没有调查就没有发言权。为了用事实驳斥和回击对农民运动的责难，毛泽东开启了此次行走5县、历时32天、行程700多公里的"新春走基层"。

考察中，毛泽东广泛接触了有斗争经验的农民和农运干部，获得了宝贵的第一手材料。他亲眼看到，农民纷纷成立了自己的政权组织——农会，打土豪、分田地，农民运动进行得轰轰烈烈，如火如荼。农民第一次当家做主，广大农村出现了新气象。毛泽东被湖南农民的革命热情深深感染，尤其是贫农"简直很迫切地要进到别一个革命"，而"我们党在许多地方都是表示不与群众的革命情绪相称，KMT（国民党的英文简写）更不消说"。

2月12日，毛泽东回到中央农民运动委员会驻地武昌，在武昌都府堤41号住所的卧室内，写下了中国革命史上的重要文献——《湖南农民运动考察报告》，他用大量确凿的事实，驳斥了攻击农民运动的种种谬论。毛泽东描述他眼中的湖南农村"农会势盛，地方牌赌禁绝，盗匪潜踪。有些地方真个道不拾遗，夜不闭户"，他由衷地为他们欢呼"好得很"！

在《湖南农民运动考察报告》中，毛泽东所关注的14件大事，既是农民革命的内容，也是农村建设的重点。如通过农会将农民组织起来，建立农民武装，建设廉洁政府，破除迷信与神权，普及政治宣传，严禁牌、赌、鸦片，办农民学校，建立消费、贩卖、信用三种合作社，修道路、修塘坝等。这些内容，实际上已涉及农村的政治建设、经济建设、文化建设和社会建设。

中共湖南省委党史研究院第二研究部主任朱柏林认为："经过这次考察，毛泽东更加肯定了农民在中国革命中的作用，说明农民问题是决定中国革命全局的问题，必须放手发动农民，组织和依靠农民，才能取得革命的胜利。"

从1927年3月5日起，这篇报告先后在中共湖南区委机关报《战士》周报、《汉口民国日报》、《湖南民报》等连载。

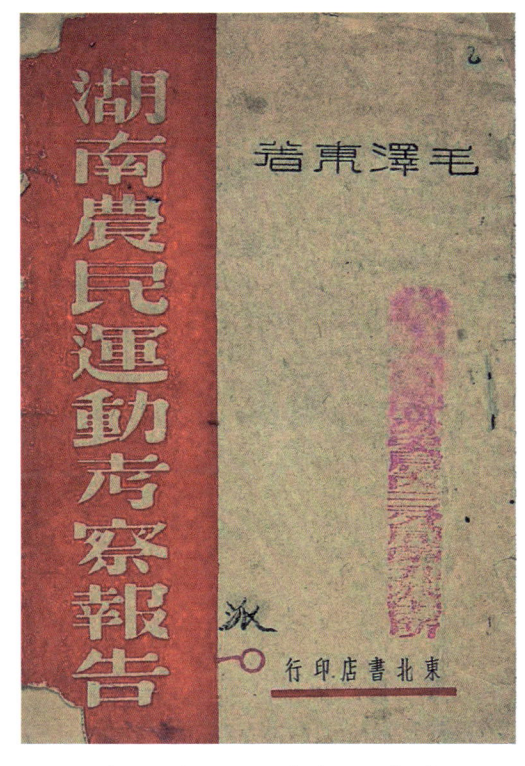

◆《湖南农民运动考察报告》单行本。资料图片

汉口长江书店以《湖南农民革命（一）》为书名，将《湖南农民运动考察报告》以单行本出版发行。瞿秋白在该书序言中说："中国革命家都要代表三万万九千万农民说话做事……中国的革命者个个都应当读一读毛泽东这本书……"

毛泽东考察湖南农民运动和《湖南农民运动考察报告》发表，极大地促进了湖南农民运动的发展。全省农会会员人数空前增长。至1927年4月，全省农会会员总数达518万，占全国农会会员人数的一半以上。

感 言

毛泽东在90多年前就用实际行动践行了"没有调查就没有发言权"这一原则。他在实地考察的基础上写成了散发着"泥土芬芳"的《湖南农民运动考察报告》,受到农民群众的热烈欢迎,为革命指明了方向。时至今日,调查研究仍然是我们做好各项工作的基本功。

链 接

第一家农民银行——柴山洲特别区第一农民银行

大革命时期,湖南农民运动蓬勃发展,在开展轰轰烈烈的革命斗争的同时,发展农村经济也成为迫切需求。衡山县柴山洲特别区第一农民银行就是这个时期成立的。毛泽东开展湖南农民运动考察时,曾经考察过这里。

柴山洲特别区,是大革命时期的农民协会划定的行政区。1926年春,省农运特派员贺尔康在此建立柴山洲特别区农民协会。4月,根据中共中央"必须是以解决农民问题作主干""设立农民银行"的政纲精神,建立柴山洲特别区第一农民银行筹备委员会,由区农协委员长文海南兼任经理,副委员长夏兆梅兼任副经理、出纳员,10月营业。制定《银行章程十二条》,确定以"拥护无产阶级,维持生活,扶植生产"为办行宗旨,发行货币,发放贷款,建立农民消费合作社。1927年6月停止活动。

柴山洲特别区第一农民银行存在的时间虽然不到一年,但在中国共产党金融事业发展史上具有开先河的意义。

《经济大辞典·金融卷》称:"我国各革命根据地先后建立30多家银行,以1926年10月在湖南衡山成立的柴山洲特别区第一农民银行为最早。"

马日事变后，10万工农武装进击长沙：
白色恐怖压不住的红色浪潮
◎湖南日报·新湖南客户端记者 梁可庭

| 铭　刻 |

　　马日事变严重破坏了湖南的党组织和工农群众团体，是湖南的大革命由高潮走向低潮的转折点。马日事变后，10万工农武装进击长沙。行动虽然最终夭折，但意义重大。它是中共湖南组织独立领导工农武装对反革命叛乱的首次反击，在湖南党的斗争史上写下了光辉的篇章。

| 追　寻 |

　　长沙市芙蓉区有一条老街，名为东茅街，全长仅400余米，还被蔡锷南路一分为二。从蔡锷南路拐进这条老街，麻石路、青砖墙、灰黑瓦，街边小店鳞次栉比。

　　那些步履轻盈走过老街的行人不曾想到，94年前5月的一个夜晚，就在这条街上，反动派向革命志士举起了"屠刀"，枪声与血光交织，共产党人被笼罩在一片白色恐怖之中。

　　时间回到1927年。这年初夏，长沙城内颇为热闹，大街小巷时见喊着口号的游行队伍。此时的湖南，75县之中有65县成立了农民协会，会员600万人，农民运动蓬勃发展，减租减息、枪决劣绅等革命活动风起云涌。

愈演愈烈的红色浪潮让土豪劣绅和反动军官惶恐不安。对工农运动深怀仇恨的国民革命军第三十五军军长何键邀集了一批反动军官，密谋发动反革命政变。

5月21日晚，风云骤变。何键麾下第三十三团团长许克祥指挥叛军，急奔省总工会驻地东茅巷湘汉旅社、长沙市总工会驻地东长街、省农民协会驻地局关祠的曾公祠等处，发动叛乱。长沙城内枪声大作，血雨腥风，许多革命志士刚从睡梦中惊醒，头颅就已经落地。因当日电报代指日期的韵目（"韵目代日"是中国历史上的一种电报纪日法）为"马"字，故这场反革命政变被称为"马日事变"。

马日事变后，全省共产党人和工农群众并没有被反革命的屠杀吓倒，他们毅然举起武装抗击的旗帜，发动省城附近各县10万工农武装进攻长沙。

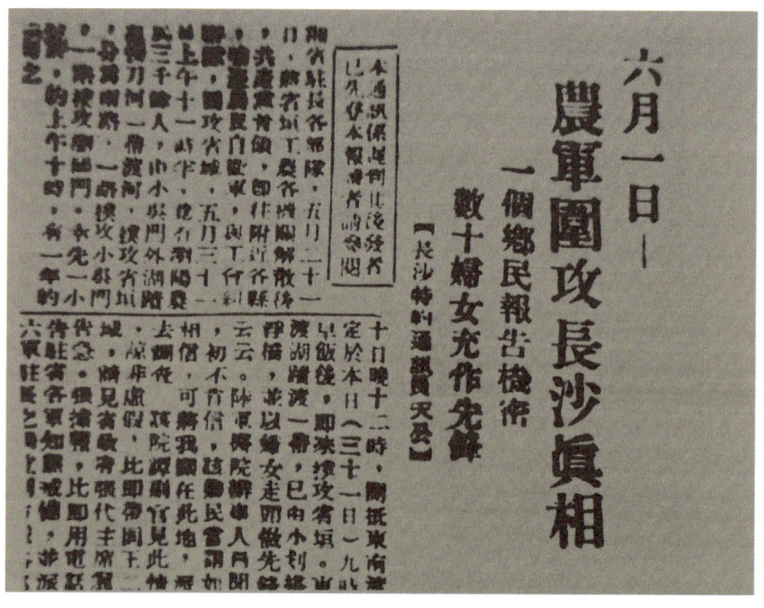

◆ 1927年，浏阳农军进攻长沙的报道。资料图片

中共秘密临时省委领导了这场斗争。公开出面组织工农武装攻打长沙的是省农民协会秘书长、代理委员长柳直荀。

马日事变发生当晚，柳直荀正在省农协主持召开会议，商讨应变措施。被叛军突然包围后，他临危不惧，坚定沉着地率领农民自卫军进行英勇抵抗，最后爬上屋顶，跳入小巷脱围。柳直荀找到郭亮，商定组织工农武装，在湘潭建立农军总指挥部，准备进行反击。

柳直荀到达湘潭后，与中共湘潭县执委、县总工会委员长杨昭植等取得联系，并主持召开军事会议。会议决定组织湖南工农义勇军，由柳直荀任总司令，动员和集中工农武装分4路向长沙进攻，镇压许克祥叛军。湖南工农义勇军总司令部设在湘潭城外30里的姜畲雅爱塘。

湘潭军事会议决定传达下去后，长沙附近数县农民迅速组织起来，男女青年踊跃参加工农义勇军，有的上前线，有的搞运输，有的巡岗放哨。各县四处响起"朝打铁，晚打铁，打把梭镖送农协""梭镖亮堂堂，擒贼先擒王，打倒蒋介石，活捉许克祥"的歌谣。

正当工农武装浩浩荡荡地向长沙进军时，却突然接到中共中央撤退工农武装的命令。这道命令由鲍罗廷提出，陈独秀签署。这场壮举中途被阻，最终夭折。

马日事变前后，据不完全统计，两个月内全省牺牲者达2万余人，一片腥风血雨。此后长达一年多的时间里，湖南都被白色恐怖的阴影笼罩着。

虽然10万工农武装进击长沙行动失败，但撤退转移后保存下来的各地工农武装，后来成了中共湖南组织继续领导武装斗争的重要力量。湖南党组织从失败中吸取血的教训，重新思考未来的前进方向和道路。

感　言

残暴的屠杀吓不倒英勇的共产党人，蔓延的白色恐怖阻挡不住红色

◆湖南工农义勇军总司令部旧址。资料图片

◆1927年,湖南工农义勇军总司令部设于湘潭市姜畲镇联映村雅爱塘。当地在旧址前修建了一座纪念雕塑,图为湖南工农义勇军雕塑。湖南日报梁可庭摄

革命的进程。救亡图存的满腔热血、对革命理想的坚定信念，让革命先烈们不畏牺牲，勇于奋斗，也让共产党组织在无数次坎坷磨难中迎难而上，越挫越勇，不断壮大。

| 链 接 |

共奏绝响的革命伉俪

马日事变后，中共湖南组织遭受重创，革命者血流成河。在牺牲的烈士中，有一对革命伉俪非常特殊，那便是献身信仰、共奏绝响的田波扬和陈昌甫夫妇。

田波扬与陈昌甫同为湖南浏阳人，两人结婚后，陈昌甫随田波扬到长沙求学。在长沙，田波扬结识了郭亮、夏曦、夏明翰等一批进步青年，夫妻二人先后加入了共产党。

1927年，田波扬担任共产主义青年团湖南省委书记，陈昌甫则任共青团湖南省委联络员，协助田波扬工作。马日事变爆发后，敌人到处搜捕革命志士，同志们劝田波扬和陈昌甫下乡暂避，但两人依然选择留在长沙城内，开展斗争。

1927年5月30日，叛徒告密，国民党军警包围了设在学宫街的共青团湖南省委机关，田波扬夫妇不幸被捕。

在监狱里，敌人对田波扬施以酷刑，把竹签扎进他的十指，用木杠压断他的双腿，要他自首并且说出党的秘密。七天七夜的摧残与折磨，敌人使尽了各种伎俩，始终没有从田波扬口中得到一点信息。

敌人对田波扬无计可施，就审问陈昌甫，要她代替田波扬在自首书上签字。陈昌甫亦宁死不屈，夺过敌人手中的笔，在纸上疾书："我宁可代替他死，但决不代替他叛党。共产党员是杀不绝的，血债一定要偿还！"

1927年6月6日，天还未破晓，残暴的敌人杀害了这对年轻的革命夫妻。牺牲时，田波扬仅23岁，陈昌甫仅22岁，并且还怀有身孕。

八七会议：
毛泽东首提"枪杆子里面出政权"

◎湖南日报·新湖南客户端记者 刘燕娟

| 铭　刻 |

　　八七会议是在中国革命处于严重危机的情况下召开的，反省大革命的失败与教训，确定了实行土地革命和武装起义的方针。毛泽东在会上提出"枪杆子里面出政权"的著名论断，中国革命从此开始了由大革命失败到土地革命战争兴起的历史性转折。

| 追　寻 |

　　武汉市江岸区鄱阳街139号是一栋有着百年历史的三层西式公寓。拾级而上，二楼左转即到一个房间，三屉桌、方凳、圆凳、长凳和靠背椅错落安放，这里便是八七会议会址。

　　1927年8月7日，毛泽东以中央候补委员的身份出席了八七会议。彭公达作为湖南省委的代表参会，一起参会的湘籍中央委员还有李维汉、邓中夏、任弼时、罗亦农、蔡和森。

　　当时，作为全国革命中心的武汉笼罩在白色恐怖之中。国民党突

◆1927年8月7日,中共中央政治局紧急会议在汉口召开,史称八七会议。图为八七会议旧址。资料图片

然实行严厉的反共、"清党"政策,大肆屠杀共产党员和革命群众,第一次国共合作失败,中国革命由此转入低潮。危急关头,在共产国际指导下,中共中央紧急召开八七会议。

代表们来到武汉非常不容易,有的乔装成商人,有的乔装成农民,由交通员秘密地带到会场。因形势紧急,通知到会的人员并未到齐,只有20多人参加。会议地点也经过了仔细考量,选在了汉口原俄租界,苏联驻国民政府农民问题顾问拉祖莫夫的住所,前后有楼梯,隔壁左右阳台互通,便于疏散。

一天的会议,总结了第一次大革命失败的教训,确定了实行土地革命和武装起义的方针。身着长衫、操着湖南口音的毛泽东激昂地说:"从前我们骂中山专做军事运动,我们则恰恰相反,不做军事运动专做民众运动。""以后要非常注意军事,须知政权是由枪杆子中取得的。"

毛泽东在会上发言时说,大家不应只看到一个广东,湖南也很重要,湖南民众组织比广东还要大,所缺的是武装,现在适值暴动时期,更需要武装。当天会上讨论时发言的有14人,共计发言56次。从会议记录看,第一个发言和发言次数最多的是毛泽东,一共7次。

八七会议选举产生了以瞿秋白为首的新的中央临时政治局,湘籍

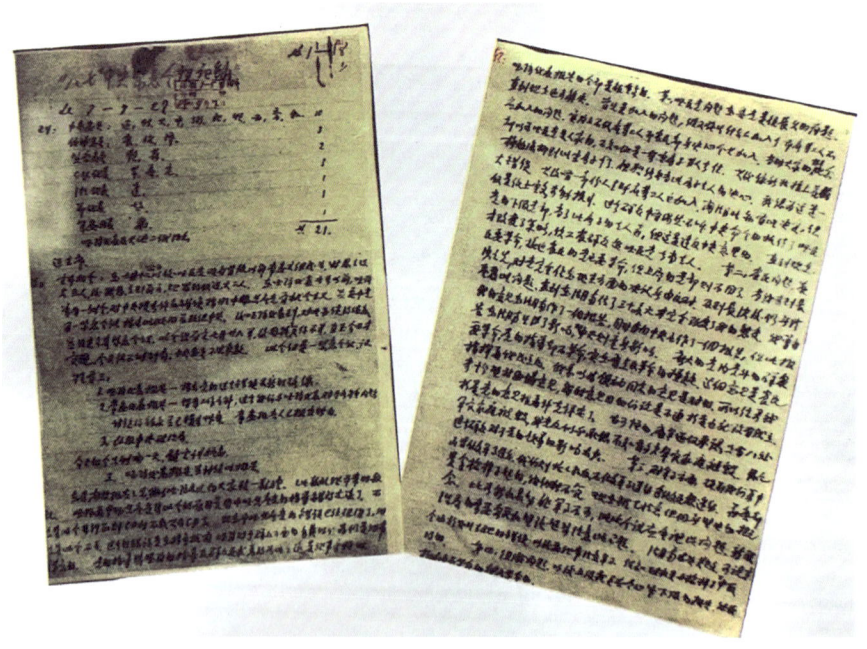

◆八七会议记录。毛泽东在发言时明确提出,"以后要非常注意军事,须知政权是由枪杆子中取得的"。资料图片

人士李维汉、罗亦农、任弼时当选为政治局委员,毛泽东、邓中夏、彭公达、李立三当选为政治局候补委员。根据会议通过的《最近农民斗争的决议案》,中共中央决定将湘鄂粤赣4省秋收起义的重心放在湖南。

回湖南工作,是毛泽东一直以来的愿望。会议期间,主持中央日常工作的瞿秋白征求毛泽东去上海中央机关工作的意见,毛泽东却表示:我不愿去大城市住高楼大厦,我要上山结交绿林朋友。他再次提出回湖南领导武装斗争的请求。

为了加强对湖南秋收起义的领导,中共中央决定改组湖南省委,指定彭公达为新省委书记,派毛泽东以中央特派员的身份回湖南,协助彭公达改组省委,贯彻中央新政策,领导湖南秋收暴动。

八七会议是我党历史上少有的在敌人眼皮底下召开的中央会议,虽然会期只有一天,但却使中国共产党和中国革命绝处逢生。多年以后,毛泽东曾说道,大革命失败前后,心情苍凉,一时不知如何是好,后来八七会议决定武装反抗,从此找到了出路,豁然开朗。

8月12日,毛泽东以中央特派员身份回到长沙。4天后,彭公达在长沙市北门沈家大屋主持召开会议,传达中央八七会议精神,讨论并正式改组了中共湖南省委。从此,在毛泽东、彭公达等的领导下,湖南革命斗争进入了一个崭新的阶段。

感　言

有人说,"八七"是一个与"七一""八一"同样深深镌刻进中国共产党历史的重要日子。在中国革命处于严重危机的情况下,全党没有因极其严重的白色恐怖而惊慌失措,重新鼓起同国民党反动派斗争的勇气。中国共产党不畏艰险、力挽狂澜,挽救中国革命于危难之中的壮举,至今仍令后人心潮澎湃。

| 链 接 |

八七会议后，毛泽东与杨开慧的最后诀别

八七会议召开之前，杨开慧母子一直跟随毛泽东在武汉生活，他们的第三个儿子毛岸龙就是在武汉三医院出生的。

随着局势越来越紧张，杨开慧早就做好了最坏的打算，她把板仓老家的族兄杨秀生叫到了武汉，让他先把保姆和孩子带回湖南乡下。

对此，保姆陈玉英回忆说："武汉形势越来越紧张。我们只在武昌住了四个多月，就回湖南了。七月中旬，板仓的杨秀生接了我和岸青，还有十一件行李，大都是毛主席、开慧同志看过的书和写的笔记，回到了开慧同志家乡——长沙县东乡板仓。"

八七会议后，秋收暴动就要开始了，杨开慧期待着这场暴风雨的到来，并且开始做参加秋收起义的准备。然而，毛泽东已经意识到未来斗争的艰巨性，决定自己独自前往，让杨开慧回板仓照顾母亲和孩子，并参加那里的农民运动。杨开慧多么希望能跟毛泽东一起奔向湘赣边界，但是考虑再三，她还是接受了毛泽东的建议。

毛泽东先送杨开慧回板仓。对于这一次毛泽东送妻子回板仓，陈玉英后来回忆说："当时我正在生病，睡在床上起不来。后来，听说是毛主席送他们回来的。毛主席从屋后竹山翻过来，脚都没歇，又翻过后山走了。"

毛泽东与杨开慧最后分别的这个晚上具体是哪一日，一直没有一个确切的说法。但可以确定的是，毛泽东与杨开慧此别却成为永诀。1930年11月14日，杨开慧在浏阳门外识字岭就义，年仅29岁。

秋收起义后文家市会师转兵：
绝处逢生的"转兵"智慧
◎湖南日报·新湖南客户端通讯员 郑展翅

| 铭 刻 |

　　湘赣边界秋收起义打出了人民军队第一面军旗，建设了一支由中国共产党绝对领导的新型人民军队。浏阳文家市会师转兵开辟了农村包围城市的正确革命道路，进而建立了井冈山革命根据地，点燃了中国革命胜利的希望之火，其卓越的贡献彪炳史册。

| 追 寻 |

　　深冬时节，走进浏阳市秋收起义文家市会师旧址里仁学校，廊院中透着古朴沉静，院落中的松柏依然苍翠挺直。校门两侧的墙上还保留着当年红军书写的标语："欢迎白军士兵下级官长来当红军"，"建立工农政权"。来到操坪，当年毛泽东面对战士们慷慨陈词的场景仿佛历历在目。

　　时光倒流，来到 94 年前。

　　1927 年，国民革命失败，国共合作的道路走不通了。八七会议上，

◆浏阳秋收起义文家市会师纪念馆。湖南日报辜鹏博摄

中共中央确立了土地革命和武装起义的方针,决定在工农运动基础较好的湖南、湖北、广东、江西四省发动秋收起义。

1927年9月9日,秋收起义爆发。工农革命军第一师三个团分别在修水、安源、铜鼓三处起义,从三个方向进攻长沙。

为了和国民党彻底划清界限,秋收起义打出了中国共产党第一面军旗。在浏阳秋收起义文家市会师纪念馆,陈列着制作军旗的复原场景。讲解员郭倩倩介绍:当年,中国工农革命军第一军第一师师部参谋何长工、副官杨立三、参谋处长陈树华三人设计出了这面有镰刀、锤子、五角星的红色军旗。五角星代表中国共产党,红色代表革命,镰刀锤子代表工农阶级联合起来。"军旗的诞生,标志着革命者开始在自己的旗帜下为了人民的解放而战斗。"

秋收起义打响后,第二、三团在醴陵和白沙镇皆有小胜。毛泽东兴奋地写下:"秋收时节暮云愁,霹雳一声暴动。"但是和国民党反动派巨大的兵力差距,还是让这场起义受挫,部队也从最开始的5000人锐减至1500人。

9月14日，中共湖南省委前敌委员会书记毛泽东根据工农革命军连续受挫的事实，果断决定放弃攻打长沙的计划，建议省委停止16日的长沙暴动，先退往萍乡。

9月19日，三路起义队伍先后到达浏阳文家市。当晚，毛泽东在文家市里仁学校主持召开前委会议，讨论部队的前进方向。毛泽东分析了局势，指出敌人的主要力量集中在城市，需要改变攻打长沙的计划，把部队转移到敌人力量薄弱的湘南山区。第一师师长余洒度则支持攻打长沙的原计划。毛泽东反复做动员工作，最终得到了卢德铭等大多数委员的认可，做出了经萍乡退往湘南的决定。

第二天，工农革命军在学校操坪举行会师大会，毛泽东在会上发表了重要讲话，他精辟地分析了革命失败后的形势和党面临的任务，阐明了工农革命军的性质。毛泽东指出，我们要到敌人管不着或难管的地方去，到乡下去，到山上去，和农民一起，进行土地革命，保存和发展革命力量。毛泽东的话，给处在危难中的工农革命军指明了方向。

在会上，为了鼓舞士气，毛泽东打了一个生动形象的比喻："我们好比一块小石头，蒋介石好比一口大水缸。我们这块小石头总有一天会打烂蒋介石那口大水缸的。"

当天，在文家市人民的欢送下，毛泽东、卢德铭率领军队踏上了向湘南进发的新征程，开启了探索革命道路的战略性转变。

| 感　言 |

文家市转兵体现了中国共产党人的智慧，也启示我们，想问题、做工作都必须从实际出发，坚持实事求是，不搞教条主义，锐意创新、科学谋划，大胆开辟前人没有走过的路。

◆里仁学校教室。1927年9月19日晚,毛泽东在这里主持召开前委会议。湖南日报辜鹏博摄

◆油画《小石头砸烂大水缸》。资料图片

| 链 接 |

李贞：秋收起义中走出来的开国女将军

在位于浏阳文家市镇的秋收起义纪念馆里，陈列着从秋收起义中走出来的28位将军的名字，其中唯一的女将军名叫"李贞"。

1908年，李贞出生于浏阳的一户八口贫苦之家，原名"旦娃子"，6岁就当了童养媳，不仅要砍柴、挑水、做家务，还经常挨打受骂。18岁那年，她偷偷报名参加妇女协会，并给自己起名"李贞"，表明自己对革命的忠贞不渝之心。

1927年，秋收起义正式爆发。就是在这一年，李贞成为一名共产党员。此后，李贞坚定地跟党走，相继参加了秋收起义、湘赣和湘鄂川黔根据地历次反"围剿"斗争、红军长征。

1929年，在一次遭遇战中，李贞带领战士们打退了敌人一次又一次进攻，但因为寡不敌众，李贞等5人宁死不降，纵身跳下悬崖。万幸的是，她正好落在一个树权上，因此保住了性命。

出身贫苦的李贞在革命道路上没有放弃学习文化知识的机会。1933年，她到江西学习革命理论知识。后又一边管理抗战事务，一边在延安抗日军政大学学习。

在战火纷飞的年代，李贞与丈夫甘泗淇上将患难与共，终于迎来了革命的胜利，成为开国将军中唯一一对"双子将星"。这对夫妻尽管没有自己的孩子，但他们用自己的工资抚养了20多位革命先烈的遗孤。

水口连队建党：
"军魂"在连队落地生根

◎湖南日报·新湖南客户端记者 施泉江、苏莉

| 铭 刻 |

水口连队建党，是对三湾改编确定的"支部建在连上"原则的具体实践，是人民军队政治工作史上的一项创举。从此，工农革命军的各个连队普遍建立了党的支部，实现了党指挥枪这一伟大的战略思想，为井冈山革命根据地的创建和中国革命的发展壮大奠定了坚实的基础。

| 追 寻 |

砖木结构，硬山顶，小青瓦屋面，坐落在炎陵县水口镇的叶家祠，是一座典型的晚清江南祠堂建筑。门楣匾额上写着"毛泽东同志主持连队建党旧址"，彰显出这座祠堂的非凡之处。

90多年前，就是在这个名不见经传的小祠堂里，发生了一件对人民军队建设有着深远意义的事件——支部建在连上。

走进祠堂，登上阁楼，静静伫立在放置油灯的四方小桌前，耳畔仿佛又传来当年那铿锵有力的誓言。

◆炎陵县水口镇叶家祠小阁楼，毛泽东同志主持连队建党旧址。胡敏摄

时间回到1927年9月，毛泽东领导中国工农革命军第一军第一师，在湘赣边界发动秋收起义。由于敌我力量悬殊，攻打长沙的计划受挫，毛泽东果断率部队从浏阳文家市向罗霄山脉中段江西省永新县三湾村后退。

转移途中，作战失利加上艰苦的长途行军，士兵情绪低落，一些意志不坚定的人离队而去。部队到达三湾时，只剩下不到1000人。毛泽东深感当前的军队思想建设和组织制度不能适应革命形势的发展和需要。

1927年9月29日，毛泽东在三湾村召开前委会议，决定对工农革命军进行改编：将师建制缩编为团，建立党的各级组织和党代表制度，把党支部建在连上，班、排设党小组，连以上设党代表，营、团建立党委，重要问题都要经党委决定。同时实行民主管理制度，不准打骂士兵，官兵平等，经济公开。

由于行军打仗，"支部建在连上"一直没有机会付诸实施，直至部队来到酃县（今炎陵县）水口镇。

水口镇地处两省三县交界处，背靠井冈山，面向湘南，这里敌人力量薄弱，群众基础好。10月12日，部队到达这里，进行了一周的休整。

在水口，部队有了一个相对安定的环境。毛泽东利用空隙时间，找战士们促膝谈心，进行革命前途和信仰的教育，各连党代表也在战士中发现和培养了不少工农出身的积极分子。毛泽东感到，在战士中发展党员的条件已经成熟，便召集团、营、连的党代表开会，研究连队建党工作。根据提名，决定批准几个表现好且坚决要求入党的士兵入党。

10月15日晚，位于水口镇东边的叶家祠小阁楼的窗户透出橘红色的灯光。阁楼靠北墙边放着一张小方桌，桌上放着一盏小马灯，压着两张下垂的红纸，一张写着"C.C.P."3个英文字母（中国共产党的英文缩写），另一张写着入党誓词。

灯光下，毛泽东庄重地举起右拳，在他的对面，赖毅、李恒、鄢辉、陈士榘、欧阳健、刘炎6个年轻人也跟着举起拳头，一字一句地低声宣誓："牺牲个人，努力革命，阶级斗争，服从组织，严守秘密，永不叛党。"

低沉而有力的宣誓声在小阁楼里回荡。简单而庄严的仪式结束后，人民军队第一个连队党支部诞生了！

水口建党后，工农革命军的各个连队逐步建立了党的支部，将"支部建在连上"的原则落到了实处，实现了"党指挥枪"，确立了党对军队的绝对领导。"军魂"在连队落地生根。毛泽东后来在《井冈山的斗争》中写道："红军所以艰难奋战而不溃散，支部建在连上是一个重要原因。"

在叶家祠主持连队建党后不久，毛泽东审时度势，最终做出了不去湘南而上井冈山的历史性决定。

感 言

"支部建在连上"的伟大创举既具有历史意义又具有时代价值。它奠定了军队听党话、跟党走的思想根基,不仅在战火纷飞的战争岁月里发挥了重要作用,在革命、建设和改革开放的各个时期,这一创举对建党强军同样具有巨大的指导和启示意义。

链 接

水口入党的战士,两人成开国将军

水口入党的 6 名战士,是革命队伍中第一批在连队中培养起来的工农党员。

水口入党时,毛泽东问:"为什么要加入共产党?"赖毅坚定地回答:"要翻身,要打倒土豪劣绅,要更坚决地革命!"赖毅后来回忆道:"从那天起,我像是变了一个人。……我告诫自己,要以党和人民的利益为重,党叫干啥就干啥,党指向哪里就打到哪里。"从秋收起义至全国解放,赖毅跟随毛泽东南征北战,多次负伤,仍坚持战斗,毛泽东称他为"铁打的硬汉"。赖毅在中华人民共和国成立后被授予开国中将军衔。

6 人中最为知名的,当属陈士榘。陈士榘生于湖北武昌黄土陂,家境贫困。他参加秋收起义,从红军排长成长为兵团司令员,一生戎马倥偬,战功卓著。中华人民共和国成立后,陈士榘曾担任多个重要职务,参与领导国防工程和导弹、原子弹试验基地的建设工作,为中国导弹、原子弹事业的发展奠定了坚实基础。陈士榘被授予开国上将军衔。

建立井冈山革命根据地：
星星之火从这里燎原

◎湖南日报·新湖南客户端记者 周帙恒

| 铭　刻 |

　　引兵井冈山，建立根据地，是工农革命军作出的历史性选择。井冈山革命根据地的建立，点燃了"工农武装割据"的星星之火，探索出一条农村包围城市、武装夺取政权的革命道路。

| 追　寻 |

　　湘赣交界的罗霄山脉，五百里井冈巍峨起伏，犹如一条璀璨的玉带绵延在两省之间。这里沟壑纵横、地势险峻，毛泽东率部抵达井冈山时只剩下不足千人。革命处于至暗时刻之际，历史的转折就深藏在这漫山青翠之中。

　　时间回到1927年，大革命失败后，经历了三湾改编、水口建党，毛泽东率领重整旗鼓的革命部队走上开辟井冈山革命根据地的道路。

　　为什么要开辟革命根据地？毛泽东曾有一个非常形象的比喻：革命要有根据地，好像人要有屁股。人假若没有屁股，便不能坐下来。

◆气势雄伟的黄洋界。井冈山革命斗争时期,红军曾在这里凭借险要地势,以不足一个营的兵力,打退了敌人四个团的进攻。湖南日报 童迪摄

要是老走着、老站着,定然不会持久。腿走酸了、站软了,就会倒下去。

为什么是井冈山?从地理位置来看,这里远离中心城市和交通要道,敌人统治力量比较薄弱,同时地势险要,幅员辽阔,有游击战争的回旋余地;从基础条件来看,大革命时期这里建立过党的组织、工会、农会和农民武装,还保存着袁文才、王佐两支农民自卫军,革命基础较好,又有自给自足的地方农业经济,具有为红军初期发展提供给养的经济能力。

1927年10月27日,毛泽东率秋收起义部队抵达井冈山茨坪。在毛泽东的领导下,部队在井冈山周围各县开展游击活动,打击反动地方武装,深入发动群众,重建地方党组织,建立工农民主政权和群众武装,从此开启创建中国共产党领导下的第一个农村革命根据地的

新征程。

1928年2月，工农革命军攻占新城，于21日在砻市成立了宁冈县工农兵政府。至此，井冈山革命根据地初步建成。

"分了田和地，穷人笑哈哈。跟着毛委员，工农坐天下。"土地革命是井冈山斗争的主要内容，当时流传的民歌，生动表达了农民分得土地后的欣喜。

1928年5月开始，井冈山革命根据地开展了轰轰烈烈的土地革命运动，至当年7月，土地基本分配完成。土地革命极大地激发了广大贫苦农民的斗争积极性，解放了农村生产力，有效地支援了革命战争，加快了根据地的发展。

为扼杀创建不久的井冈山革命根据地，1928年7月至1929年2月，蒋介石先后任命江西省主席朱培德和湖南省主席何键为总指挥，组织湘赣两省敌军三次"会剿"井冈山。毛泽东、朱德等率部克服种种困难，在敌军重兵压境的情况下，将游击战、运动战的精髓发挥到极致，两次打破"会剿"，第三次反"会剿"虽然没有成功，但保存了革命力量，促进了赣南、闽西根据地的开辟。

至1929年，毛泽东、朱德率部队离开井冈山，在井冈山斗争的岁月里，有近5万名革命者献出了自己宝贵的生命，平均每天有50多位烈士倒下，坚定的理想信念在血雨腥风中经受了洗礼和考验。

岁月更替，斗转星移。这片革命先辈抛头颅、洒热血的红色热土，早已发生翻天覆地的变化。2017年初，井冈山市在全国率先脱贫摘帽。韶山连井冈，湘赣今更红。革命年代生死相依的湘赣两省，正携手深化湘赣边区域合作示范区建设。依托醴茶铁路的良好基础，湖南全力建设韶山至井冈山红色旅游专线，使之成为传承红色基因、发展红色旅游产业、巩固和拓展脱贫攻坚成果、全面推进乡村振兴的闪亮名片。

感 言

习近平总书记指出,井冈山是中国革命的摇篮。井冈山时期留给我们最为宝贵的财富,就是跨越时空的井冈山精神。老一辈革命家的初心、理想与巍巍罗霄山脉同在,始终鼓舞我们坚定执着追理想、实事求是闯新路、艰苦奋斗攻难关、依靠群众求胜利,让井冈山精神在新时代绽放新光芒。

链 接

毛泽东"上山"思想是这样出炉的

1927年,中国共产党人先后发动南昌起义、秋收起义,均告失败。面对严酷的斗争和血的教训,革命的路该怎样走?毛泽东提出"上山"思想,到敌人力量薄弱的农村山区寻找落脚点,积蓄力量、重整旗鼓。

1927年6月,毛泽东在武昌中央农讲所,召集逃到武汉的200多名湖南同志开会,提出了"上山"主张:"大家应回到原来的岗位,恢复工作,拿起武器,山区的上山,滨湖的上船,坚决与敌人作斗争,武装保卫革命。"6月24日,中央政治局常委会决定成立以毛泽东为书记的新的湖南省委。毛泽东赴任后,立即对各地工农武装作出"上山"安排。

7月4日,中央政治局常委扩大会议在武汉召开。会上讨论湖南农民自卫军如何对付搜捕和屠杀时,毛泽东发言进一步阐明工农武装"上山"的思想,"上山可以造成军事势力的基础","不保存武力,则将来一到事变,我们即无办法"。7月底,受中共中央委托,毛泽东起草《湘南运动大纲》,提出以汝城为中心实行土地革命、组织工农武装的计划。

毛泽东"上山"思想是中国共产党探索实践"工农武装割据"和"农村包围城市"道路的起点,为井冈山革命根据地的建立,进而一步步迈向全国解放打下了坚实的理论基础。

茶陵县工农兵政府成立：

红色政权从洣水之滨发端

◎湖南日报·新湖南客户端记者 沙兆华

| 铭　刻 |

> 由毛泽东亲手缔造的茶陵县工农兵政府，是全国县级红色政权开篇之作，也是民主建政的光辉典范。茶陵县工农兵政府仅存在近一个月，但它为以后苏维埃政权的建立提供了许多宝贵经验，被称为"共和国的摇篮"。

| 追　寻 |

洣水之滨，茶陵县城关镇前进村三角坪，有一座占地1.8万余平方米的徽派建筑，青砖灰瓦、圆柱方檩、飞檐画栋，马头墙高耸。这里原是南宋至清代茶陵州（县）署衙门所在地，如今是中国第一个苏维埃县级红色政权——茶陵县工农兵政府旧址。

走进旧址纪念馆，馆内陈列的泛黄旧照、展出的各类实物，无不让人联想到那段战火纷飞的峥嵘岁月。

1927年10月，工农革命军在井冈山安下家之后，为了进一步扩大政治影响，解决部队结养问题，毛泽东萌发了"经营茶陵"的战略

◆茶陵县工农兵政府成立时的三位代表塑像。中为谭震林,左为陈士榘,右为李炳荣。唐宁新摄

◆茶陵县工农兵政府旧址。湖南日报郭立亮摄

思想。

趁着驻守茶陵的国民党正规军调走，县城空虚之际，11月18日清晨，毛泽东派工农革命军第一师第一团团长陈皓、政治部主任宛希先率领500余人，一举攻克茶陵县城，占领了县署衙门。

茶陵城是工农革命军进军井冈山之后占领的第一座县城。当时工农革命军没有管理经验，团长陈皓不顾毛泽东的叮嘱，绕开宛希先成立一个新政权，名为"县人民委员会"，派谭梓生当县长。谭梓生本人对于红色政权的县长如何当心中无数，只好照旧政府那样升堂审案、纳税完粮。群众对此十分不满。

宛希先对新政府的旧衙门做法非常忧虑，立即写信向毛泽东汇报，信中透露出对"红色政权怎么建"的疑问。

毛泽东立即复信，明确指示：由部队派人当县长是不对的，不能按国民党那一套办，要成立工农兵政府。毛泽东还派人连夜赶赴茶陵，将信送到宛希先手里。

遵照毛泽东的指示，通过自下而上的层层推举，谭震林、李炳荣、陈士榘作为工人、农民和士兵代表，成为工农兵政府的常委。起初他们三个人相互谦让主席这个职位，宛希先便说："工农兵政府'工'字带头。谭震林同志，你是工人代表，你就担任政府主席吧！"就这样，年仅25岁的谭震林出任茶陵县工农兵政府主席。

1927年11月28日，一个值得铭记的日子。茶陵旧县衙外热闹非凡，茶陵城百姓纷纷聚集在此，旧县衙的大门上，挂上了"茶陵县工农兵政府"牌匾，两边贴着"工农兵政府，苏维埃精神"的新对联。谭震林登台讲话，正式发布首张"茶陵县工农兵政府布告"。第一个经民主推选、真正代表人民利益的湘赣边界红色政权由此诞生。

茶陵县工农兵政府设立了民政、财经、青工、妇女等工作部门，最高权力机关则是工农兵代表大会，由工农兵代表集体决策后，交给政府执行，真正实现了人民群众当家做主的愿望。工农兵政府成立后，在经济上、政治上对地主豪强实行制裁，打土豪分田地，10多个区、乡工农兵政府相继建立，全县出现了轰轰烈烈的革命景象。

12月26日，国民党反动派攻打茶陵城。因敌众我寡，工农革命军主动撤离茶陵县城。

茶陵县工农兵政府施政虽然只有短短的29天，却开创了井冈山根据地建立革命政权的先河。随后，毛泽东又相继在湘赣边界的遂川、宁冈、永新、酃县、莲花等地建立了工农兵政府，星星之火迅速向周围500里范围内的20多个县蔓延，红色政权燃遍井冈山。

感 言

习近平总书记说："离开了人民，我们将一无所有、一事无成；背离了人民的利益，我们这些公仆就会被历史所淘汰。"茶陵县工农兵政府成立后，一改之前的官僚主义、享乐主义的旧衙门、旧军阀习气，为民做主的执政新风拂面而来。时空流转、代代传承，清正廉洁、执政为民已成为融入中国共产党人血脉的政治本色。唯有以良好党风带动政风民风，赢得人民群众信任和拥护，方能确保党和人民事业从胜利走向更大胜利。

链 接

"湖口挽澜"，保全了井冈山"革命火种"

1927年12月26日，国民党反动派兵分多路"反扑"茶陵城。因寡不敌众，工农革命军连夜撤离茶陵县城，拂晓抵达茶陵湖口镇。从这里，往东即到井冈山宁冈，往南是湘南桂东方向。向东还是向南？以宛希先、陈韶、谭震林为首的党政干部与团长陈皓发生了激烈的争执。

最后，陈皓以"违令者斩"的命令为胁迫，卸下了宛希先的枪，并将他们绑了起来，强行将部队往南拉。

部队缓慢地向南移动，战士们也议论纷纷，不明白陈皓要将部队带到哪里。12月27日中午，毛泽东带队及时赶到了湖口，他命令部队停止南移，果断处置了企图叛变的陈皓、徐庶等人。

为了肃清陈皓等人的不良影响，稳住军心，28日，毛泽东在湖口的一块稻田里主持召开军民大会，会议内容除了批判陈皓的叛变行径外，更着重的是向人民群众阐释共产党领导的军队服务谁、打击谁的问题，让老百姓认识红军，相信红军就是"自己的"军队。正是通过这次大会，群众的革命热情被激发出来，数百名群众纷纷报名参加红军。毛泽东酌情选定了200多人，一同奔赴井冈山。日后涌现的25名茶陵籍共和国将军中，很大一部分就是从这里走上革命的道路。

这一事件史称"湖口挽澜"。在关键时刻，毛泽东把部队带回井冈山，保全了井冈山的"革命火种"。

湘南起义：点燃土地革命的"第一把火"

◎湖南日报·新湖南客户端记者 杨佳俊

| 铭 刻 |

湘南起义创造了用正规武装支持和推动广大农民暴动，把武装起义、建立政权与土地革命结合起来的初步经验，进行了土地革命的最初尝试。它对井冈山革命根据地的发展，对农村包围城市革命道路的探索，具有深远意义。

| 追 寻 |

正月初十，农历新年的第10天。位于湖南南部的小城宜章和全国各地的县城一样，还沉浸在过年的热闹气氛之中。

93年前的春节前后，这里也热闹非凡，除了节日的氛围之外，还多了一份革命的热情。

1928年1月12日，农历腊月二十，距离除夕只有10天了，朱德和陈毅率领南昌起义军余部发动宜章年关暴动，打响了湘南起义的第一枪。

当时，宜章城没有国民党正规军，防守力量非常薄弱。1月11日

◆宜章年关暴动指挥部旧址。资料图片

下午,胡少海化身国民党第十六军第一四〇团副团长,作为开路先锋开进宜章县城。国民党县政府官员和土豪劣绅毫无戒备,齐聚宜章县城南关街恭迎。第二天,朱德化名王楷,以团长的身份率主力部队抵达。

当晚,宜章县长杨孝斌举行宴会为两位"国民党军官"洗尘,全县反动官吏及劣绅悉数到场。晚宴上,随着一声"鱼来了"的约定信号响起,朱德突然起立,掷杯于地,卫士们循声跃上,缴了县府卫兵的武器。现场反动官绅被一网打尽。

与此同时,陈毅、王尔琢指挥部队解除了团防局和警察局的武装,俘虏警察及民团400多人,随即打开监狱大门,放出了革命人士与无辜群众。湘南起义的序幕由此拉开。

朱德、陈毅对部队进行整编,成立湘南工农革命军第一师,朱德任师长,陈毅任党代表,王尔琢任参谋长。参加暴动的宜章农军编为宜章独立团,胡少海任团长。

紧接着,在朱德、陈毅和中共湘南特委的共同领导下,湘南各县党组织纷纷行动起来，组织农军配合工农革命军发动起义，攻打县城。宜章、郴县、永兴、耒阳、资兴等县苏维埃政府先后宣告成立。

一时间，革命烽火燃遍湘南，武装起义席卷20余县，参与群众上百万，声震湘、粤、赣3省，形成了"红旗漫卷南天乱，湘南这边红一片"的新局面。

湘南起义过程中，中共湘南特委将武装暴动与建立政权、解决农民土地问题密切结合，大力推动苏维埃运动和土地革命开展。

1928年3月16日至20日，湘南特委在永兴县城太平寺召开湘南工农兵代表会议。会议通过了土地问题决议，确定没收地主阶级的土地、分配给无地少地农民的原则。

为了获得分配土地的具体经验，湘南特委还派人到永兴湘阴渡试点，总结出两条土地分配办法：一是以乡为单位进行土地分配；二是以原耕地为基础，抽多补少，抽肥补瘦，个别分配不当的由乡土地委员会仲裁。

各县苏维埃政府组织开展了轰轰烈烈的土地革命运动。据宜章、

◆水彩画《湘南起义》。李春祥作

郴县、耒阳、永兴、桂阳、资兴、汝城、桂东 8 县的统计，共插标分田 69 万多亩，约占总田地面积的 20%。插标分田最多的是郴县，全县有田 32 万亩，插标分田 18 万亩，达到 56.25%。

湘南革命斗争沉重打击了农村封建主义势力，动摇了国民党的反动统治，引起国民党反动派的恐慌。于是，湘粤军阀集中 9 个师的兵力对湘南革命力量进行南北夹击。

面对强敌压境的严峻形势，朱德、陈毅决定避敌锋芒，主动撤离湘南，向东转移，保存革命力量。

3 月 29 日，湘南起义军开始向井冈山转移，并于 4 月 28 日与毛泽东率领的秋收起义部队在井冈山胜利会师。

感 言

湘南起义开展轰轰烈烈的土地革命运动，让农民有了实实在在的获得感，获得了广泛的群众基础。习近平总书记指出，我们党的百年历史，就是一部践行党的初心使命的历史，就是一部党与人民心连心、同呼吸、共命运的历史。今天，在实现中华民族伟大复兴的新征程上，中国共产党将再次依靠亿万人民群众，戮力同心，把新时代中国特色社会主义伟大事业不断推向前进。

链 接

"富二代"为湘南起义顺利进行"开路"

宜章暴动得以成功，和当地一个"富二代"有很大关系。他就是当时宜章人尽皆知的胡家五少爷——胡少海。

胡少海原名振弼，字少海，1898 年 1 月出生于宜章县岩泉镇岱下胡家村，排行第五，父亲是县里有名的首富。

虽然出身富豪之家，从小过着衣食无忧的生活，但是胡少海却十分同情穷人，追求进步。

1921年，23岁的胡少海毅然离家出走，投身革命。1926年入国民革命军第六军，参加北伐。

1927年，四一二反革命政变发生后，胡少海毅然脱离旧军队。在中共党组织的影响下，胡少海拉起一支革命队伍在湘粤边境活动，后经宜章县委帮助，加入中国共产党。这一切都是秘密进行的，胡少海的身份从未暴露。于是，在筹备宜章暴动过程中，朱德和陈毅决定利用胡少海的特殊身份，智取宜章城。

起义成功后，胡少海被任命为中国工农革命军独立第三师师长。1929年7月，胡少海负责组建闽西地方红军第一支正规部队——红四军第四纵队，任司令员。他治军严谨，灵活运用井冈山红军建设的经验，使第四纵队很快成为一支纪律严明、战斗力强的红军地方主力。

1930年6月，红军第二十一军组建，胡少海任军长。8月5日，胡少海率领部队攻打福建永福圩溪边炮楼时，不幸中弹牺牲，时年32岁。

桑植起义之后创建湘鄂边革命根据地：
从旧式武装向新型革命军蜕变
◎湖南日报·新湖南客户端记者 唐亚新

| 铭　刻 |

桑植起义的胜利和县革命政权的建立，在湘鄂边区举起了土地革命的大旗，拉开了武装割据的序幕，为湘鄂西革命根据地的创建奠定了基础，同时也为中国共产党在土地革命战争时期利用、改造地方武装提供了宝贵经验。

| 追　寻 |

初春的桑植县洪家关白族乡，生机勃勃，绿意盎然。这里是贺龙元帅的家乡。如今，玉泉河上的风雨桥依旧，前来贺龙故居和纪念馆参观的游人络绎不绝。

93年前的春天，正是在贺龙家门口的前坪，3000多名勇士聚首，开拔桑植县城，打响了桑植起义的枪声。

那个春天，有着怎样的故事？南昌起义保存下来的革命火种，如何在湘鄂西广袤的土地上燃起熊熊烈火？从旧式武装到新型人民军队的蜕变是如何完成的？

◆桑植县洪家关白族乡贺龙桥。湖南日报辜鹏博摄

◆贺龙故居。湖南日报辜鹏博摄

时间回到 1927 年。彼时,南昌起义军南下广东,在潮汕地区遭遇失败,起义军总指挥贺龙辗转到达上海,向中共中央提出回湘西开展武装斗争的请求,获得支持。

为何要在湘西闹革命?贺龙纪念馆副馆长、副研究馆员覃章衡告诉记者,湘西地理位置偏僻,国民党统治力量较薄弱,有利于革命力量的发展。同时,居住于此的各族人民深受剥削压迫,富于反抗精神和斗争传统,容易接受革命思想。更重要的,这里是贺龙的家乡,贺龙的亲族、旧部众多。他们中有的掌握武装,有的与地方团防有联系,极有可能转化为革命力量。

1928 年 2 月 29 日,贺龙、周逸群等人到达桑植洪家关,组建中共桑植县委,筹备起义。贺龙号召亲朋故旧团结起来干革命:"我贺龙找真理,找了半辈子,现在总算找到了,愿意跟我干的,就把队伍拉过来。"很快,一支拥有 3000 余人、700 余支枪的工农革命军建立起来。4 月 2 日,桑植起义正式发动。工农革命军一举歼灭守城团防武装,夺取县城,随即建立桑植县革命委员会。

起义爆发后,国民党反动派极为惊恐,很快组织兵力向桑植进犯。4 月下旬,因遭国民党联合进攻,工农革命军连战失利,队伍大部失散。周逸群率一部转移到鄂西的石首,领导洪湖地区的武装斗争。贺龙收拢失散的 400 人,在桑植、鹤峰边界坚持游击斗争。

1928 年 4 月到 10 月的半年间,工农革命军两起两落,不断遭受重大挫折。覃章衡说,工农革命军汇集了几十支小股武装,他们因为贺龙的声望而汇集在一起,但彼此却充满矛盾冲突,一旦遇到困难,便会发生动摇,一些不坚定分子离队出走。到 11 月初,全军减员到 100 余人,到了最艰难的时刻。

贺龙从失败的痛苦中认识到,如果不加强党的领导,将这支旧式武装改造成为一支由党绝对指挥、有高度革命自觉精神、有严格纪律约束的革命武装,要想生存和发展是不可能的。

在中共中央的指导下，中共湘西前敌委员会大力整顿队伍，遣散动机不纯分子，加强党的领导，发展党团组织。整编后的队伍改称中国工农红军第四军，全军仅剩下91人、72支枪。人数虽然减少，但政治、军事素质明显提高，留下的这些骨干成为日后革命武装发展壮大的基础。

1929年6月，红四军再次攻破桑植县城，

◆桑植县洪家关白族乡贺龙纪念馆。湖南日报辜鹏博摄

成立桑植县委和苏维埃政府。桑植、鹤峰两县红色割据区域连成一片，湘鄂边革命根据地初步形成。红四军在战斗中迅速发展到4000余人。到1930年春，湘鄂边红四军已锻炼成一支善于进行游击战争的人民军队。

覃章衡说："桑植起义之后，贺龙率领的革命军不断加强党的领导，完成了把旧军队改造成新型人民军队的过程，这是革命力量得以发展壮大的关键。"湘鄂边革命根据地的形成和发展，与洪湖地区革命根据地相呼应，为整个湘鄂西革命根据地的形成创造了重要条件。

| 感　言 |

桑植起义之后，工农革命军经历的艰难曲折充分证明，党的领导

是革命军队走向胜利的重要法宝。时至今日，我们更需要毫不动摇地坚持和加强党对一切工作的领导，坚定不移地跟党走，方能完成新时代的历史使命，实现中华民族的伟大复兴。

| 链 接 |

贺氏宗亲为革命牺牲的有名有姓的烈士达2050人

桑植起义前，贺龙召集了一支3000余人、700余支枪的队伍。这些武装包括贺龙的大姐贺英、胞妹贺满姑以及族兄贺炳南等人的队伍1000余人。

贺氏族人为中国革命作出了巨大贡献。仅贺龙一家，就有父亲、姐姐、弟弟等5位亲人为革命壮烈牺牲，贺氏家族为国捐躯的达数百人之多。

贺龙的大姐贺英主动将自己的队伍交给贺龙，加入工农革命军的行列。1930年春，贺英率游击队留在湘鄂边革命根据地，配合红军主力，坚持游击战争。1933年5月，因叛徒告密，贺英在战斗中中弹，壮烈牺牲，时年47岁。

贺龙的堂侄贺桂如，跟随贺龙从军，参加南昌起义、桑植起义，任工农革命军第四军一师一团团长。1929年10月，敌人大部队逼近桑植苏区，湘西前委率红四军撤出桑植县城时，遭到敌人袭击。为杀开一条血路，掩护主力部队突围，贺桂如身先士卒，奋力跃上土台，扔出几颗手榴弹，炸掉了正面敌人的机枪点，但他自己却不幸身中7弹，壮烈牺牲，年仅33岁。

据统计，革命战争年代，10万多人口的桑植，先后有5万多人参加红色政权和游击队，2万多人跟随贺龙闹革命，4000多人踏上长征路，后来回到桑植的不到50人，贺氏宗亲为革命牺牲的有名有姓的烈士达2050人。

沙田颁布《三大纪律六项注意》：
"第一军规"铸就不朽军魂

◎湖南日报·新湖南客户端记者 陈昂昂

| 铭　刻 |

　　毛泽东在桂东沙田向工农革命军颁布《三大纪律六项注意》，第一次以军规的形式突出强调了革命军队的政治纪律和群众纪律。《三大纪律六项注意》后来发展为《三大纪律八项注意》，被誉为"第一军规"，成为人民军队的治军法宝，被谱写成歌曲传唱至今。

| 追　寻 |

　　"沙田来了一支兵，说话和气讲公平，世上哪种军队好，要数工农革命军……"随着第一军规广场讲解员刘燕的轻声哼唱，这首从红军时期流传下来的民谣，又在郴州桂东县沙田镇第一军规广场响起，字里行间饱含着桂东人民对红军的深厚感情。

　　沙田地处罗霄山脉南段，从明朝起便是湘南、赣南和粤北的商贾辐辏之地，为湘赣边界的重要集镇之一。93年前，一个晴朗的春天，年轻的毛泽东在这里的一块旱田上，向工农革命军正式颁布了《三大

◆桂东县沙田镇第一军规广场，"三大纪律八项注意"纪念碑矗立在广场中央。 湖南日报童迪摄

纪律六项注意》。

　　93年光阴荏苒。桂东人民在旱田旧址上修建了宏伟的"第一军规广场"，一座高大的"三大纪律八项注意"纪念碑矗立在广场中央，纪念碑的四周各有一块大型浮雕，真实再现了毛泽东颁布《三大纪律六项注意》的历史场景。见证了这段历史的万寿宫和沙田村戏台环绕在纪念碑周围，仿佛还在诉说着当年的故事。

　　时光回溯到1928年3月，毛泽东率工农革命军从井冈山来到沙田，准备接应湘南起义部队。可当队伍到达时，却看见偌大的圩场冷冷清清，家家店门紧闭，户户门前落锁。

　　原来，一年前，井冈山王佐部队到过沙田，这支部队不仅洗澡不避人，还取了老百姓的门板和稻草铺床，第二天却不上门板、不捆铺草，走了还要拉几个民夫帮着扛行李。再加上反动派大肆污蔑工农革命军

"见屋就烧、见人就杀、见物就抢",深受兵匪之害的百姓听信谣言,都躲进了深山野林。

来到沙田的第三天夜晚,春寒料峭,窗外星辰闪烁,万寿宫后厅的一间小厢房彻夜通明。毛泽东想到千百年来中国农民起义的兴衰成败,想到秋收起义以来建军的经验教训,想到工农革命军中经常发生禁而不止的不良行为,夜不能寐。时已午夜,他挑亮油灯,将前几个月曾经讲过的,但未系统成文的军纪逐条修改,反复斟酌,写下了著名的《三大纪律六项注意》。

1928年4月3日上午,天气晴朗。工农革命军指战员高举着红旗,整齐威武地集合在沙田墟老虎冲三十八担丘旱田里,农民赤卫队队员和少先队员手持梭镖,身背大刀、鸟铳,站在工农革命军队伍的两旁,旱田周围的小路和斜坡上挤满了群众。

毛泽东身着灰布军装,健步登上田边临时搭起的土台。他首先向部队讲述没有纪律不成军队、没有统一指挥就不能打胜仗的道理,对部队存在的一些违纪现象进行了批评教育。然后,他扳着指头,逐条逐项地向部队颁布《三大纪律六项注意》。"三大纪律"是:行动听指挥;不拿工人农民一点东西;打土豪要归公。"六项注意"是:上门板;捆铺草;说话和气;买卖公平;借东西要还;损坏东西要赔。

如今,摆放在《三大纪律六项注意》颁布旧址纪念馆内的一口水缸(复制品),就是人民军队秋毫无犯、守纪如铁的见证。当年,工农革命军在离开沙田之前,派人到部队住过的地方进行纪律检查。有老人反映,部队借用他家的一口缸漏水了。检查组一看,这口缸有一条裂缝,只在装满水以后才漏水,部队借水缸时没察觉到是否漏水。虽如此,工农革命军还是按照《三大纪律六项注意》的规定,赔了老人一口新水缸,并向户主表示了歉意。

不久,沙田就流传开了这样一首歌谣:"红军纪律真严明,行动听命令;爱护老百姓,到处受欢迎;遇事问群众,买卖讲公平;群众

◆沙田镇万寿宫,毛泽东在这里写下了《三大纪律六项注意》。湖南日报童迪摄

的利益,不损半毫分……"当红军离开时,仅沙田镇就有100多人跟随毛泽东上了井冈山。

1928年4月,毛泽东和朱德在井冈山胜利会师,合编后的中国工农革命军第四军严格实行《三大纪律六项注意》。老百姓惊奇地发现,这支军队与只知欺压百姓的旧军队有着天壤之别。

后来根据革命发展,《三大纪律六项注意》修改完善成为《三大纪律八项注意》,以命令的形式固定下来,成为人民军队沿用至今的统一纪律。

| 感 言 |

一支军队的脊梁,不是武器而是军魂。《三大纪律八项注意》集中体现了全心全意为人民服务的建军宗旨,凭借《三大纪律八项注意》

铸就的不朽军魂，人民军队才能凝聚铁的意志，锤炼铁的作风，锻造铁的队伍，从革命战争年代一路发展壮大，不断从胜利走向新的胜利。

链 接

一首传唱 86 年的军歌

1935 年 10 月，红十五军团政治部秘书长程坦在给官兵讲解《中国工农红军三大纪律八项注意》布告时想到，如果把"三大纪律八项注意"这些军纪条文编成朗朗上口、通俗易懂的歌词，更便于红军官兵牢记。于是，他与任宣传科科长的刘华清商量，借用鄂豫皖苏区流行的歌曲《土地革命已经成功了》的韵律，完成了《红军三大纪律八项注意歌》，后来经过不断修改，发展为《三大纪律八项注意》。由于歌词易记、旋律简单，这支嘹亮的军歌很快在部队中传唱开来。

1947 年 10 月 10 日，毛泽东起草了《中国人民解放军总部关于重新颁布三大纪律八项注意的训令》。训令对各部队印发的《三大纪律八项注意》的内容做了统一规范，并要求部队"深入教育，严格执行"。规范后的"三大纪律"是：一、一切行动听指挥；二、不拿群众一针一线；三、一切缴获要归公。"八项注意"是：一、说话和气；二、买卖公平；三、借东西要还；四、损坏东西要赔；五、不打人骂人；六、不损坏庄稼；七、不调戏妇女；八、不虐待俘虏。

中华人民共和国成立后，解放军总政治部根据训令的内容，于 1950 年和 1957 年两次对《三大纪律八项注意》的歌词进行修改，确定出标准歌词。

86 年来，人民军队高唱着《三大纪律八项注意》，不断发展壮大，不断从胜利走向新的胜利。

平江起义：一声惊雷，助燃"星星之火"

◎湖南日报·新湖南客户端记者 何金燕

| 铭 刻 |

　　平江起义是在中共湖南省委直接领导下，通过国民党内部兵变成功发动的又一次具有较大规模和影响的武装起义，有力地支持了井冈山的斗争，促进了湘鄂赣革命根据地的建立。

| 追 寻 |

　　平江天岳书院有一个载满红色记忆的名字：平江起义旧址。门前广场上，彭德怀一身戎装、策马驰骋的青铜塑像，定格了一段血与火的红色记忆。

　　1928年3月，平江20万农军发动了震惊全国的"三月扑城"。国民党疯狂镇压平江人民的反抗斗争。6月，由彭德怀任团长的国民党独立第五师第一团被调到平江"灭火"。其实，在这之前，"彭团长"已秘密加入中国共产党，独立第五师部分武装也已由共产党掌握。

　　彭德怀率部移驻平江后，设法与中共平江县委取得联系，积极配合县委及游击队的反"清乡"斗争。他正式建立全团士兵委员会,团结广大士兵,争取下级军官参加起义。7月,滕代远以中共湖南省委特派员的身份到达平江县城,联络上彭德怀,策划武装起义。

7月19日,彭德怀收到密电,获悉南华安特委被破坏,第三团营长黄公略等共产党员的身份暴露。他召开紧急会议,决定以士兵闹饷的名义迅速发动暴动。

7月22日中午,彭德怀将起义部队集结在天岳书院操场。他带头将红带子挂在脖子上,拔出手枪,宣布起义。

惊雷般的枪声,刺破书院的宁静。勇士们跨过汨罗江上的浮桥,仅用一个半小时便占领平江县城,解除了反动军警2000多人的武装,活捉了县长刘作柱等反动分子200多人。出卖革命同志的叛徒高岑楼等,当天就被枭首示众。

这次起义最激动人心的场面,是解救被关押在城南和城西3所监

◆平江起义纪念馆序厅正中央的这座雕塑,刻画出起义的场景。湖南日报张劲夫摄

◆平江起义的三位领导人：彭德怀（中）、滕代远（右）、黄公略（左）。湖南日报张劲夫摄

狱里的上千名共产党员和革命群众。马日事变前担任平江县委书记的陈景潜，也是起义军从监狱里救出来的。他们被解救出狱后，有的要求立即参加红军，不顾伤痛主动上街宣传；有的带着起义战士到处搜捕土豪劣绅，挖出了他们埋藏的财物和枪支弹药；有的连夜下乡给各级党组织和游击队送信。

随后，平江县工农兵苏维埃政府成立，中国工农红军第五军也随即诞生，彭德怀任军长，滕代远任党代表。

国民党很快调集重兵围攻红五军。7月29日，彭德怀果断率军撤出平江县城，挥师江西修水、铜鼓。8月底，在敌人10多个师的前堵后追下，红五军减员严重，人心浮动。彭德怀挥拳向官兵们表态："我们举旗起义是为了革命，干革命就不能怕吃苦，不能怕流血牺牲。如果谁还想走，可以走，就是剩下我一个人，也要举着红旗，爬山越岭干到底！"

一席话语，振奋军心。部队继续前进，到达修水后，红五军党委与湘鄂赣边特委举行联席扩大会议，决定由彭德怀、滕代远率主力开向井冈山，与红四军会合，其余部队由黄公略带领，留在湘鄂赣边开展游击战争。

12月11日，彭德怀、滕代远率红五军与毛泽东、朱德领导的红四军在江西宁冈胜利会师。两支部队合二为一，成为"星星之火"中最亮的一处。

感 言

平江登记在册的革命烈士达2.1万余人，占全省革命烈士总数的1/5。正是这些前仆后继的革命烈士，构筑起了中国共产党人的精神谱系。学习百年党史，就是要赓续共产党人的精神血脉，始终保持革命者的大无畏奋斗精神，鼓起迈进新征程、奋进新时代的精气神。

链 接

20万农军"三月扑城"

为配合钳制"围剿"湘赣边界井冈山根据地的敌人，1928年3月16日，趁平江县城敌人力量比较薄弱的时机，在中共平江县委组织下，20万农民暴动队伍化装成挑担的、唱戏的、舞龙的、买菜的向平江县城集结，他们手执大刀、长枪，从各路冲进城里，和驻城的敌军展开激烈的战斗，史称"三月扑城"。此次事件的总指挥是时任中共湖南省委委员兼平江县委书记、我党早期宣传教育家毛简青。

这次"扑城"虽然失败了，但大大地震慑了敌人，打破了敌人的白色恐怖。地主豪绅吓得魂飞胆丧，他们没有料到共产党能组织这样大规模的暴动。从此，敌人的小支部队再也不敢单独驻在平江，更不敢轻易到四乡骚扰了。

"扑城"斗争打乱了敌人"围剿"湘赣边区的部署，支援了井冈山的斗争，为平江起义和红五军的建立奠定了群众基础。

谢觉哉曾经评价，平江"三月扑城"是平江历史上空前绝后的工农群众大起义。这一壮举不仅震撼了平江的反动派，即湖南全省乃至毗邻的赣、鄂两省的反动统治者，也为之战栗不已！

中华人民共和国成立后，平江籍52位开国战将中，有41位参加过平江"三月扑城"暴动；70多位省部级领导中，有50多位是从"扑城"暴动中走出去的。

红三军团攻占长沙，成立首个建制省苏维埃政府：
百年老宅见证红色传奇

◎湖南日报·新湖南客户端记者 张斌

| 铭 刻 |

1930年，红三军团攻占长沙。这是红军在土地革命战争时期攻占的唯一省城。随后，全国首个建制省苏维埃政府——湖南省苏维埃政府成立，为中国共产党建立和管理省级苏维埃政权积累了宝贵经验。

| 追 寻 |

初春时节，走进浏阳市大围山脚下的楚东村，绿意环抱中，一座古朴庄严的清代天井式民居映入眼帘。

这座百年老宅名叫锦绶堂，是湖南省苏维埃政府旧址。

1930年至1931年，湖南省苏维埃政府两度在此办公，领导全省苏区革命斗争蓬勃发展。

"这里坐北朝南，砖木两层结构，共有楼房108间，环抱大小10多个天井。当时，湖南省苏维埃政府高峰时期共有200多人在此办公。"讲解员朱丽利如是说。

◆锦绶堂是全国重点文物保护单位。图为游客在锦绶堂参观学习，接受爱国主义教育。 湖南日报童迪摄

1930年，恰逢蒋介石与冯玉祥、阎锡山等军阀内斗，长沙守备空虚。这年7月，彭德怀按照中共中央的指示，指挥红三军团第一次攻打长沙。27日晚攻入长沙城内，一举控制了长沙全城。

这是红军在土地革命战争时期攻占的唯一一座省城。旧址展板上，一张挤满人群的黑白照片显示，当时红军进城，受到10万群众的集会欢迎。

彭德怀在后来的自述中说："此役，三天四仗，行程一百四五十里，经过待伏战、进攻战、阵地攻坚战，我八千人打败三万有余之优势敌军，这在军事史上是不多的。英勇顽强是中国工农红军和以后人民解放军的共同特点。"

7月30日，全国首个建制省苏维埃政府——湖南省苏维埃政府在长沙成立，推选李立三任主席（李立三没有到任，由王首道代理），彭德怀、李宗白、杨幼麟等13人为委员。

湖南省苏维埃政府成立后，开始了一系列执政探索：建立齐全的组织机构，贯彻实施中国共产党的纲领、方针和政策，并颁布实施《暂行劳动法》《暂行土地法》等法律。

后由于敌人重兵反扑，湖南省苏维埃政府随红三军团果断撤出长沙，辗转湖南浏阳、平江和江西修水等地，1931年3月初又随部队再次迁回浏阳锦绶堂，继续领导苏区建设。湖南省苏维埃政府在锦绶堂办公的时间前后长达9个多月。

旧址展板上，灰白的影印件展示着当时颁布的法律内容。其中，对于土地的所有权，湖南省苏维埃政府明确宣布，土地分配以后，就归农民所有，容许自由买卖。在财经工作方面，废除苛捐杂税，重新设立了单一的累进税，大大减轻了商人、农民负担。同时，允许国营、合作社和私营3种经济成分在湘鄂赣根据地并存……

◆锦绶堂全貌。湖南日报童迪摄

锦绶堂的一堵墙上，留有一份字迹已经有些模糊的财务账单：交通费、军事费、五金费……所有账目一一列出。历经90多年的财务报表，无声地诉说着苏维埃政府的廉洁奉公。另一处墙壁上，"男女平等""争取八小时工作制""猛烈扩大红军"等标语清晰可见。

◆湖南省苏维埃政府成立后，颁布了一系列布告、法案。图为旧址展板上展示的当时颁布婚姻法的布告。湖南日报张斌摄

当地一些年长的老百姓还依稀记得，当年湖南省苏维埃政府人员与老百姓打成一片，带领穷人打土豪分田地，帮助他们翻身闹革命，办了不少实事，与群众结下了深厚情谊。后来政府撤出，为免受白军打击破坏，群众主动保护政府人员家属，并把标语用石灰浆覆盖起来。因为对苏维埃政府的热烈拥护，当时有4000余人踊跃参加了红军。

1931年11月，根据中央统一部署，湘鄂赣苏维埃政府在此成立，湖南省苏维埃政府随即撤销，光荣完成其历史使命。

| 感 言 |

百年老宅锦绶堂是责任政府、廉洁政府的见证，更是爱民政府的见证。最早的财务公开表，使我们真切感受到当年苏维埃政府的廉洁奉公、求真务实和与人民群众的鱼水情深。这是老一辈留下来的宝贵财富，激励着今天的共产党人弘扬光荣革命传统，继续保持勤政为民、艰苦奋斗的工作作风。

链 接

黄洋界上留英名　长沙城下洒热血

1930年7月,红三军团第一次攻打长沙时,一批革命者壮烈牺牲。其中一位年轻的革命者,名叫陈毅安。他牺牲时,年仅25岁。

陈毅安出生于湖南湘阴,1924年加入中国共产党,后来参加毛泽东领导的秋收起义,随部队上了井冈山。1928年8月,在黄洋界保卫战中,陈毅安率领不足一个营的兵力,战胜了10倍以上的敌人,保卫了井冈山大本营。

1929年,陈毅安在一次作战中受伤,后回湘阴老家疗养并与李志强完婚。1930年6月,陈毅安重返战场。

红三军团攻打长沙,陈毅安任红八军第一纵队队长,兼任攻打长沙战役的前敌总指挥。他奉命率第一纵队打头阵,面临险重任务,以坚毅的语气说:"军团信任我们,再硬的骨头也要啃!"在陈毅安指挥下,第一纵队先头部队两个团首先从长沙韭菜园小吴门入城。接着,整个长沙被红军占领。

8月5日,国民党当局调集兵力大举反扑。陈毅安指挥第一纵队,在新河、经武门、浏阳门一线阻击敌军一昼夜,使大部分红军安全撤离。在再次接应部队外撤的过程中,敌人的一挺机枪突然从侧面向他开火,陈毅安腰中4弹,不幸牺牲。

1958年,彭德怀为陈毅安亲笔题词:"生为人民生的伟大,死于革命死得光荣!"

红一方面军永和成立：中央红军从这里走出

◎湖南日报·新湖南客户端记者 张斌

| 铭　刻 |

作为中国共产党第一个方面军建制，中国工农红军第一方面军（以下简称"红一方面军"）的成立，对实现以游击战为主向以运动战为主的战略转变，开辟中央革命根据地，意义非凡。

| 追　寻 |

微微春雨，将浏阳市永和镇红一方面军成立旧址李家大屋永和会师雕塑上的中国工农红军军旗洗得更加明亮鲜艳。

"1930年8月23日，毛泽东、朱德领导的红一军团与彭德怀、滕代远领导的红三军团，在此胜利会师，并成立了中国工农红军第一方面军。"循着清脆的讲解声，踩着古朴的青石砖，"中央红军从这里走出"9个大字扑面而来。

这幢清朝嘉庆年间落成的湘东特色民居，是如何成为一处重要革命遗址的？

1930年，中共中央领导人李立三主观地认为形势对于攻打城市极为有利，命令南方各路红军攻打长沙、南昌、九江、武汉等大城市。同年7月27日，彭德怀率领红三军团一举攻占了长沙，却很快遭到国民党反动派势力反扑。军阀何键复据长沙后，立即派戴斗垣驻浏阳文家市，伺机追袭红军。

彼时，正率红一军团攻打南昌的毛泽东、朱德惊闻此讯，立即率红一军团驰援红三军团，歼灭戴斗垣，挫敌锐气。8月20日，红一军团取得了著名的文家市大捷，龟缩于长沙的何键惊恐万分。

"文家市大捷为红一方面军的建立创造了条件。"站在展板前，尹欣如是介绍："8月23日，红三军团与红一军团在李家大屋会师。会师大会前，两大军团召开前委联席会议，讨论了中共中央关于统一军事指挥的指示，决定两大军团合编组建中国工农红军第一方面军，并成立中央红军第一方面军总前委及统一指挥红军和地方政权的中国工农革命委员会。朱德任总司令，毛泽东任总前委书记、总政委、中国工农革命委员会主席，彭德怀任副总司令，滕代远任副总政委。"

"听爷爷那一辈描述，红军进村时不扰民、不抢东西、不打人，跟以前看到的国民党部队大不一样。"浏阳市永和镇菊香村党总支书记张璋说。正因为红军的"威武""守纪""亲民"，乡亲们争着带红军到自家住，纷纷拿出吃食招待他们，不少人还跟着参了军。

8月24日，再次攻打长沙的命令在永和发出。次日，下辖8个军近4万人的红一方面军兵分三路，浩浩荡荡向长沙推进。虽然第二次攻打长沙仍以失败告终，但从此之后，党和红军吸取教训，克服"左"倾冒险错误，将主要精力放在了建设农村革命根据地上。

红一方面军的成立，不仅代表着革命力量的发展壮大，更标志着红军由游击战争向正规战争发展的军事战略转变。这是人民军队发展史上一次重大变革。

◆浏阳市永和镇红一方面军成立旧址李家大屋内,讲解员尹欣正在向游客讲解红一方面军成立的历史。湖南日报唐俊摄

◆浏阳市永和镇红一方面军成立旧址李家大屋外景。湖南日报唐俊摄

感 言

习近平总书记说:"在红一方面军二万五千里的征途上,平均每300米就有一名红军牺牲。"这支英雄的人民军队,凭着崇高的理想和坚定的信念,在挫折中前行,在斗争中成长。其英雄气概、人民情怀,是新时代中华儿女干事创业的精神源泉。

链 接

"3+1"的长征,红一方面军不孤单

说到红一方面军,我们最熟悉的就是他们的长征壮举。而说起长征,我们最熟悉的,就是二万五千里。这个二万五千里正是红一方面军跋涉和战斗的路程。

其实,长征是"3+1"的长征,红一方面军历时一年,转战11个省,路程二万五千里;红二方面军历时11个月,转战8个省,路程二万余里;红四方面军历时19个月,转战6个省,路程一万余里;红二十五军历时10个月,转战4个省,路程近万里。总计下来,长征共历时两年,累计转战15个省市,路程六万五千里。一路下来,红军战士的牺牲很大。红一方面军在江西于都出发时有8.6万余人,到了陕北,只剩下7000余人。

长征过程中,红一方面军得到了另外两大主力真诚有力的战略配合。一是在战场上的配合,比如红二方面军牵制大量的敌人,配合了红一方面军的长征。另一个方面是物质上的帮助,比如爬过雪山的红一方面军的战士,面黄肌瘦、极度疲惫,迎接他们的红四方面军带来了大量的粮食、盐巴、炊具、蔬菜等物资进行慰劳,这让红一方面军得到了物资补给和休养机会。

艰难曲折的白区斗争：

湖南省委机关辗转多地坚持领导革命

◎湖南日报·新湖南客户端记者 李国平 通讯员 沈娟华

| 铭 刻 |

1928年初至1932年底的数年间，中共湖南地方组织在国民党统治区遭受严重摧残。留在白区的湖南党组织和共产党员领导人民进行不折不挠的斗争。白区斗争与各根据地斗争互相配合，互相呼应，构成土地革命战争时期中共湖南地方史的一幅壮丽画卷。

| 追 寻 |

望城区桥驿镇群力村，是省级美丽乡村示范村，这里村民富裕，环境优美。

走进群力村，一棵郁郁葱葱、枝繁叶茂的百年老樟树下，有一栋普通的百年老屋。这看似不起眼的地方，曾一度是中共湖南省委的秘密机关所在地。这栋百年老屋，见证了当年那段艰苦的革命斗争岁月。

1930年7月下旬，中共湖南省委将机关从益阳迁至望城，设在了杨桥照霞冲（今群力村）。彼时，杨桥照霞冲是一个大村落，也是周氏族人的聚居地，有大小房屋近百间，村庄周围全部用麻石护坡，墙体用麻

◆长沙市望城区桥驿镇群力村中共湖南省委旧址。湖南日报李国平 摄

◆1928年到1932年,在白区斗争中牺牲的部分湘籍共产党人。资料图片

石垫基脚,青砖砌至腰墙,屋面盖小烟瓦。

1930年10月初,湖南省委机关引起了敌人的注意,幸得地下党员和革命群众的掩护迅速转移,才未遭破坏。

这栋百年老屋的主人周炳文,时任中共湖南省委委员,于1931年5月11日被国民党反动派杀害,年仅39岁。牺牲前,他在狱中写下自挽联:"造成伯有以相惊,方为雄鬼;做到世人皆欲杀,才算男儿。"

四一二反革命政变和马日事变之后,由于国民党反动派的残酷统治和血腥镇压,中共湖南省委领导机关和各级党的组织遭受严重摧残。面对艰难险恶的环境，留在白区的湖南党组织和共产党员辗转多地坚持领导革命，始终不屈不挠。群力村的省委机关旧址和周炳文的故事，正是其中的一个缩影。

这个时期，一批又一批共产党人怀着坚定的信念，投身白区斗争这个不见硝烟的战场，许多人付出了生命的代价。仅牺牲的中共湖南省委书记就有6人：郭亮、林蔚、彭公达、王一飞、杨福涛、蒋长卿。还有杨开慧、陈觉、赵云霄等优秀共产党人和工农运动骨干壮烈牺牲。

1927年5月任中共湖南省委代理书记的郭亮，1928年3月27日在岳州（今岳阳）被捕，3月29日午夜被秘密杀害于长沙司门口，年仅27岁。其头颅被挂在司门口示众三天三晚，又移至他的老家铜官东山寺戏台示众。

1929年秋任中共湖南省委常委并代理省委书记的蒋长卿，1931年2月因叛徒出卖被国民党逮捕。虽遭酷刑拷打，他依然坚贞不屈。他在"自供状"上写道："绝灭天日的酷刑，尽管白天黑夜加在我的身上，自首呀，自首，你休作痴心妄想。"字字句句，显示出铮铮铁骨！当年3月，蒋长卿在长沙慷慨就义，年仅30岁。

这一时期，不仅大批共产党人惨死在敌人的屠刀下，中共湖南省委领导机关也屡遭破坏，在辗转流离中坚持斗争，不断重建、调整，一度将省委机关迁至省外。1932年12月，代行省委职权的中共长沙中心市委被敌人彻底破坏。直至1937年底，全省白区省一级党的组织一直未能恢复。

然而，国民党反动派的血腥镇压，不可能消灭湖南共产党组织和共产党人。湖南各地继续以基层组织为单位坚持斗争，无数湘籍中国共产党人依旧为了推翻专制独裁统治、建立一个崭新的国家而前仆后继。

| 感 言 |

"不知过去，无以图将来。"重温湖南党组织和湘籍共产党员在白区艰苦卓绝的斗争历史，深深为他们英勇无畏的革命精神和矢志不移的坚定信念而震撼，这是湖南共产党人的生命密码，是不可或缺的精神之"钙"，也是战胜千难万险的力量源泉。

| 链 接 |

中共湖南省委机关在望城的四次转移

1930年7月下旬，中共湖南省委将机关从益阳迁至望城，将秘密机关设在了杨桥照霞冲（今群力村）。由于白色恐怖笼罩三湘大地，在不到一年的时间里，为躲避敌人的搜捕，省委机关先后在望城进行了四次转移。

第一次是1930年中秋节过后，从长沙县杨桥照霞冲秘密转移至铜官马场坪郭家祠堂附近的郭仲甫家；第二次是11月，从郭仲甫家秘密转移至铜官正街，租住黄兰田的房子，并以开设米铺做掩护；第三次是由郭立山（共青团湖南省委委员）的哥哥郭伯勋出面，从铜官转移至湘江对面靖港半边街，以开设碓坊（米厂）做掩护；第四次是11月底，由于长沙市委干部王平望叛变，省委机关被迫迁往益阳。

省委机关秘密迁移望城期间，全省恢复、发展和整顿了一批党组织，一批特委、县委及基层组织相继得到恢复和重建，全省党员人数也在迅速增加。1930年6月至10月，全省党员由10760人上升到14000余人，增加了3000多人。望城也涌现出一批信仰忠诚、敢于担当、舍生忘死的优秀共产党员。如中共长沙市委委员兼省立一中特支书记周应铭、湘东工农兵苏维埃政府秘书长谭牛山、中共湘江特委委员杨汉章、铜官区委书记周春泉等，他们都是望城本地受党的教育培养成长起来的优秀共产党员。在白色恐怖的笼罩下，他们临危不惧，英勇奋斗，磨炼了坚强的革命意志，经受住了血与火的严峻考验。

红六军团桂东寨前誓师：
旌旗猎猎踏上西征路

◎湖南日报·新湖南客户端记者 陈昂昂

| 铭 刻 |

红六军团在桂东寨前镇寨前圩正式成立并誓师西征，胜利完成兵团性的战略转移任务，沿途不仅扩大了红军的政治影响，而且探明了沿途国民党军兵力部署的虚实，为中央红军的长征起到侦察、探路的先遣队作用。

| 追 寻 |

昼夜奔流不息的沤江，与汶江在桂东县寨前镇交汇。此地的一处河滩，正是当年红六军团誓师西征的旧址。

如今，这里已建成一座气势恢宏的红军长征首发地纪念广场。广场的中心，是一幅红六军团长征路线图。地图上方矗立着一座6米多高的红军雕塑，旌旗猎猎，战马腾空，红军指战员一往无前。这一切，将人们的思绪带回了87年前。

1934年7月，湘赣苏区笼罩着第五次反"围剿"的紧张气氛。7月23日，突然来的一道训令，打破了沉寂。

中共中央书记处、中央革命军事委员会向湘赣苏区发出训令，命令

◆游客在桂东县寨前镇红军长征首发地纪念广场参观。湖南日报 童迪摄

红十七师、红十八师组成红六军团,"离开湘赣苏区,转移到湖南中部去发展游击战争,创立新的苏区。"同时,委派中共中央政治局委员、湘赣省委书记任弼时为中央代表随军行动。

训令要求,红六军团由湘赣苏区先行突围,深入湖南,调动敌人,摸清情况,在湘中开辟一块新的根据地,以策应中央红军战略转移至湘西根据地,与贺龙领导的红二军团会合。

红六军团在周密审慎的研究后,决定将突围的地点锁定在兵力相对薄弱且地形相对复杂的南面。

8月7日下午3时许,红六军团全军9700余人在任弼时等率领指挥下,以从桂东调去的红军独立第四团为前导,从江西遂川的横石、新江口地区出发,开始突围,踏上了西征的征途。

红六军团不顾酷暑炎热、饥饿疲劳,昼夜兼程,4天内接连突破敌人4道封锁线,8月11日中午,红六军团9700余人抵达桂东寨前圩。

鉴于病员太多、部队疲劳等情况，红六军团决定在此宿营，并筹备军粮。

红六军团严格遵守毛泽东提出的《三大纪律八项注意》，不进老百姓家门。部队取下门板打地铺，往新桥方向蜿蜒2.8公里。据本地居民黄汉尤老人回忆，"我听父亲讲，红军不肯住进家里，就在街上搭门板，睡在路上。"他说，"红军不仅花钱买了猪请村民吃，借了村民的粮食还打了借条。"

为了明确红六军团突围的目的和任务，进一步做好西征战斗的思想准备，8月12日上午，在寨前圩的河滩上，红六军团召开了连以上干部西征誓师大会，庆祝突围胜利。

红军长征首发地纪念广场讲解员张威介绍，会上遵照中革军委指示，红六军团正式成立。萧克任军团长兼第十七师师长，王震任军团政治委员兼第十七师政委，李达任军团参谋长，张子意任军团政治部主任；龙云任第十八师师长，甘泗淇任师政治委员。由任弼时、萧克、王震组成军政委员会，作为红六军团西征的最高领导机关。会议阐述了西征的目的、任务，号召全体将士为完成转移西征任务不怕艰苦、连续作战。

12日夜晚，红六军团9700余人从寨前圩出发，在彻底摧毁了国民党政府修筑在寨前圩的两座碉堡后，冒着大雨向大塘、沙田挺进，踏上了艰苦卓绝的西征之路。10月24日，红六军团到达贵州印江地区，在木黄与红三军会师，胜利完成战略转移任务。

感 言

临危受命、勇于担责的忠诚意识，不言苦、不怕死的牺牲精神，心系群众、人民至上的高尚情操，红六军团指战员在西征中表现出来的这些崇高精神，是共产党人留下的宝贵精神财富，永远值得我们继承和发扬，激励着我们乘风破浪不断前进。

> **链 接**

困牛山之战，百余名红军指战员英勇跳崖

红六军团西征突围过程中，历经千辛万苦，冲破敌人追击、堵截、围攻，付出了重大代价。尤其是在贵州省石阡县困牛山的一场战斗中，百余名红军指战员宁死不屈，英勇跳崖，成为红军史上的悲壮之举。

1934年10月15日，红六军团主力转战至石阡县，遭黔军、湘军10余个团阻击，决定向南转移突围，东去印江方向与红三军会合，令师长龙云和团长田海清率红十八师五十二团800余人断后。

第二天，龙云率红五十二团将全部围堵之敌引向困牛山，军团主力部队得以脱困，但龙云师长和400多名红军再次被敌人围困在黑滩河、困牛山一带。

敌人仗着人多势众，占据了四周的高山，对困牛山形成收拢之势。关键时刻，狡猾的黔军和地方民团押着许多当地老百姓走在最前面，红军不忍开枪，只有一步步地向后退。困牛山山顶三面有路的方向都是敌人，剩下的一面是悬崖绝壁。红十八师师长龙云率领200多名红军战士沿着陡峭的山崖，手抓藤条和灌木，一个一个往下滑，顺着河谷成功突围。

剩下的百余名红军战士在困牛山上牵制敌人，已无路可走。战斗中，红五十二团团长田海清壮烈牺牲。

随着敌人步步紧逼，在悬崖边上的百余名红军战士宁死不当俘虏，他们砸掉所有枪支毅然纵身跳下山崖，大多数人壮烈牺牲。

湘鄂川黔革命根据地：

长江南岸最后一块红色根据地

◎湖南日报·新湖南客户端记者 陈奕樊

| 铭　刻 |

湘鄂川黔革命根据地钳制和吸引了"围剿"中央红军的国民党几十万军队，有力地策应和配合了中央红军的长征；还让红二、六军团有了战略依托，使其发展成为中国工农红军三大主力之一的红二方面军。这是中央红军长征后长江南岸的最后一块红色根据地，亦是中国南部苏维埃运动发展中的重要战略区域。

| 追　寻 |

2月28日，烟雨迷蒙，坐落在张家界市永定区的湘鄂川黔革命根据地纪念馆，在一方闹市中，静静伫立。

推门步入纪念馆右侧的省委礼堂旧址，166位曾在湘鄂川黔革命根据地战斗过的将帅的照片全部陈列于此。87年前，就在这座礼堂里，任弼时、贺龙等向战士们传达中央指示，正式开辟湘鄂川黔苏区，一场轰轰烈烈的策应中央红军的运动从此展开。

1934年，中央红军第五次反"围剿"失败，被迫向湖南进行战略转

◆任弼时、贺龙、萧克、王震和关向应的铜像。湘鄂川黔革命根据地纪念馆供图

移,计划到湘西与红二、六军团会合。然而,蒋介石在红军前进的方向上,调集了40万兵力,设置了4道封锁线,妄图将中央红军消灭于湘江与潇水之间。在这种严峻形势下,红二、六军团最紧迫的战略任务,就是策应中央红军的战略转移。

在任弼时、贺龙的率领下,红二、六军团对国民党发动了为期两个月的湘西攻势,相继占领永顺、桑植、大庸(今张家界)等地,一片拥有40多万人口,纵跨400里、横跨240里的湘鄂川黔根据地全面形成。

1934年11月26日,湘鄂川黔省委作为党的最高领导机关在大庸成立,任弼时任书记,贺龙、关向应等为委员,正式拉开了长江南岸最后一块红色根据地的历史序幕。

"湘鄂川黔革命根据地建立后,省委开始了根据地的各项建设,让处于国民党军重重包围中的红色阵地得以进一步巩固。"据纪念馆讲解员杜双介绍,当时根据地建设的第一个任务就是开展土地革命。

湘鄂川黔边区地处武陵山区,封建势力顽固,地主恶霸、土豪劣绅同官僚军阀相互勾结,对农民群众大肆搜刮,百姓生活苦不堪言。1934年底至1935年春天,湘鄂川黔省委连发3份土地革命文件,在根据地中心区域广泛开展了"打土豪分田地"的土地革命斗争。

湘鄂川黔省委吸取了以往土地革命的教训,对一些具体政策进行了修正和创新:只没收富农的土地,不没收其房屋、财产;道士、和尚、牧师等人,同样分配土地;对地主家属,采取区别对待的政策;对工商业者,采取保护政策……这样既活跃了根据地经济,又扩大了革命统一战线。据记载,仅大庸、永顺、桑植、龙山4县就有近15万人获得土地。

"当兵就要当红军,处处工农来欢迎。"纪念馆里一张印有《当兵就要当红军》的歌词的照片备受瞩目。"在当时,参加红军是根据地最为光荣的事情。"杜双解释道。

根据地建立后,为了掩护中央红军顺利长征,随时准备对抗国民党"围剿",扩红运动势不可挡地开

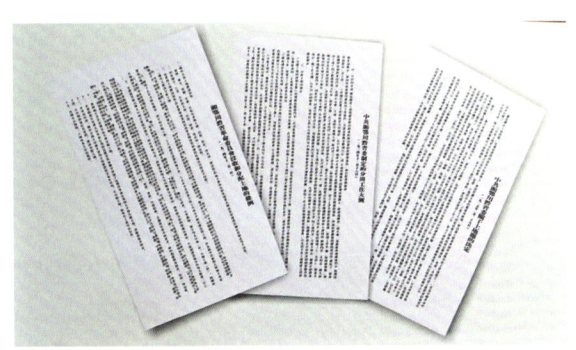

◆湘鄂川黔革命根据地省委连发3份土地革命文件。湘鄂川黔革命根据地纪念馆供图

◆位于张家界市永定区的湘鄂川黔革命根据地纪念馆。湖南日报唐俊摄

展起来：在政策上优待红军及其家属；在少数民族聚居的地方用少数民族语言张贴标语、文告；收编地方武装，加强对地方赤色武装的领导；纠正以夏曦为代表的"左"倾教条主义错误，保证军队内部的团结与统一……红二、六军团迅速发展壮大，至1935年9月，达到4个师12个团，约2万人。

随着红二、六军团在湘鄂川黔的斗争取得节节胜利，根据地各项建设日益发展，极大地震撼了国民党政府。1935年初，蒋介石抽调40多个团的兵力，对根据地实行六路军事"围剿"。

在反"围剿"斗争里，红军先后作战30余次，共歼灭国民党军2个整师、1个师部和1个旅，缴枪8000余支，新建立了慈桑、宣恩、龙山3个县的革命政权，牵制了湘鄂两省的大量敌军，有力地策应了中央红军长征。

感 言

87年前，湘鄂川黔革命根据地的将士们带着革命理想的火种，开展土地革命，培育红军2万余人。他们在一次次绝境中重生，用坚守诠释了"革命理想高于天"的时代意义。100年来，怀着坚定理想信念，一代又一代共产党人接续奋斗，不断把为崇高理想奋斗的伟大实践向前推进。

链 接

贺龙和任弼时的革命友情

"我和弼时同志开始见面并成为亲密的战友，是在人民解放斗争最艰苦的岁月里，即一九三四年十月，土地革命战争时期。"1950年10月，46岁的任弼时英年早逝，贺龙含泪撰文悼念。

1934年10月,贺龙、关向应率领的红三军团与任弼时、萧克、王震率领的红六军团胜利会师。此后,贺龙与任弼时并肩作战,创建湘鄂川黔革命根据地。他们互相尊重,配合默契,成为全军团结战斗的榜样。战士们说:"我们这两位'小胡子'首长,性格不一样,相处得倒比一家人还亲咧。"

在两人的榜样示范下,两个军团广大指战员亲如兄弟,胜似一家。多年后,贺龙评价说:"两军团六七千人,六七千个心,可大家团结得像一个人,要怎么走就怎么走,要怎么打就怎么打。"

贺龙和任弼时的手足情深还印刻在一次次的战斗中。在一次歼灭张振汉部的反"围剿"战争中,两人正在山顶上拿着望远镜观察战斗情况。任弼时得知贺龙劳累过度又受凉,关切地说:"你就到后边休息一下吧,前面的事我负责。"贺龙说:"我万万不能下去。看不见战斗情况,说不定真会急出病来。"任弼时无可奈何地笑了。经过3天的战斗,红军在忠堡地区击败敌人9个团,俘敌纵队司令张振汉。

毛泽民奠基红色国库事业：

战火纷飞中写就金融奇迹

◎湖南日报·新湖南客户端记者 苏莉 通讯员 王东林、刘婧瑶

| 铭 刻 |

> 毛泽民等红色金融家白手起家，创设国库机构，建立健全中央苏区财政金融体制，创立红色国库体系，为维护中央苏区经济稳定、巩固红色政权提供了坚强保障。

| 追 寻 |

细雨洗刷微尘，把伟人故里韶山装点得绿意盎然。

在纪念中国共产党成立100周年之际，许多参观者慕名走进坐落在中国人民银行韶山市支行的"红色国库事业奠基人——毛泽民"陈列室。这是全国第一个以"红色国库"为主题的革命历史陈列室。

作为红色金融事业的鼻祖，毛泽民的故事却并不广为人知。

"1932—1934年，毛泽民任苏维埃国家银行行长和国家金库主任，带领工作人员组织建立国库机构，制定国库管理条例，维护财税资金收支秩序，确保国库资金安全，取得丰硕成果。"在一张黑白老照片面前，陈列室讲解员为参观者介绍，照片中非常不起眼的土坯房，

◆韶山市"红色国库事业奠基人——毛泽民"陈列室内,讲解员在给韶山市镇泰小学的同学们讲解毛泽民创建国家金库的故事。王东林、刘婧瑶摄

正是中华苏维埃共和国总金库旧址。

80多年前,毛泽民时常在江西瑞金这间土坯房的小小柜台前忙碌,奠基红色金融事业的探索实践,从这里起步。

1932年3月,中华苏维埃国家银行在瑞金叶坪成立,国家银行的一项重要职责是代理国库,毛泽民任第一任行长兼总金库主任。

国家银行初创时员工仅有5人,初始资金仅有从闽西工农银行转来的20万元,不久又陆续被中央财政部调走,只剩下打土豪没收来的几挑子银圆和纸币,金库近乎"空转"。但毛泽民等人齐心协力、艰苦奋斗,努力节省各项开支,竭尽所能地开辟财源。

鉴于中央苏区的政治、经济和军事形势,毛泽民把统一财政作为首要任务。苏维埃国家金库掌管国家财政所有款物的收纳入库、保管和支出业务。每逢红军有重大作战行动,毛泽民都会深入前方实地指导,同战士们一起打土豪,组织没收征集委员会随部队到前方筹粮筹款。

金库有了,还得靠制度维持秩序。毛泽民穿上粗布衣服,带着装有笔墨、账簿、算盘的背包,蹬上自编草鞋,跑到工农红军的队伍中,将每次收缴来的破旧账册以及残缺不全的表格细心地粘贴好。同时借助从广东买来的书籍《银行簿记实践》,与同志们一道,将理论与实践相结合。

有一次,毛泽民正在办公室起草金库条例,忽然听到有人大喊:"毛行长,快来,有好家伙!"毛泽民应声而起,走近一看,原来是一张包现洋的纸张——国民党税务机关的四联单。毛泽民如获珍宝,与银行的同志们反复研究,对国家金库的管理制度和流程加以改进,设计了相应的单据和账簿,记录资金收款方、管理方(国家金库)、使用方与支配方。就此,国家金库逐步建立并规范了会计、预算、决算和审计等制度。

毛泽民等人不断探索完善账簿体系,建立了各类账表簿册,制定了相关条例,让金库的管理更加合理规范。1933年10月22日,临

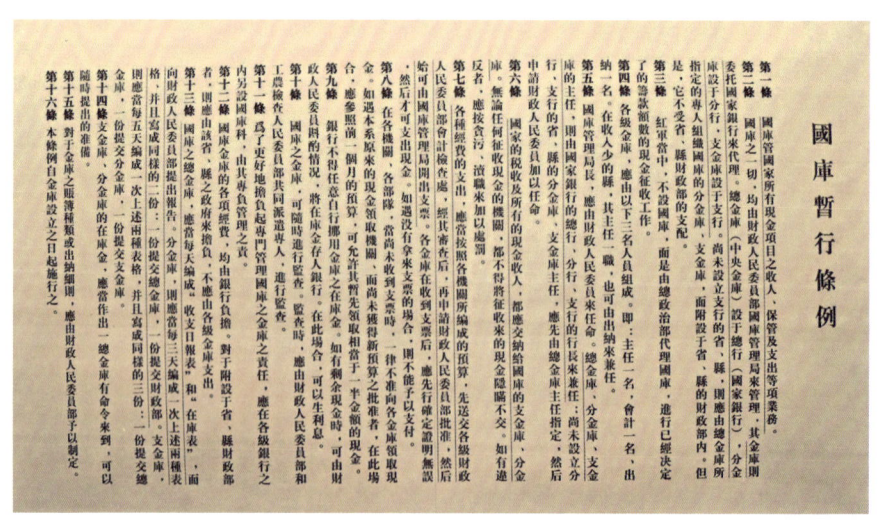

临时中央政府人民委员会颁布的《国库暂行条例》。资料图片

时中央政府人民委员会颁布《国库暂行条例》，详细规定了国库组织架构、库款的收纳及支拨等要求，其中部分条款在现行的《中华人民共和国国家金库条例》中仍能找到缩影。

1932年12月27日颁布的中央人民委员会第8号训令中指出：财政人民委员部已决定1933年1月1日起建立国库，实行会计制度，将一切财政收入一律交到国库分支库，由中央支配。

为严肃财经纪律，在毛泽民的推动下，逐渐形成了包括财政人民委员部、国库、审计委员会在内的多部门监督制衡体系，有效地遏制了地方财政管理乱象与腐败现象的蔓延。

1934年秋，中央红军被迫长征。毛泽民接到国家银行突围的通知，将秘密金库里的金银财宝化整为零地分给各军团保管使用。正是这批资金，成为红军万里征途中的重要经济支柱。

感 言

"一颗红心，坚定理想信念；一把算盘，牢记使命担当；一条戒尺，严守纪律规矩；一根扁担，诠释绝对忠诚。"这是对毛泽民一生忠诚担当的高度概括。进入新发展阶段，我们更要秉承这种忠心向党、公心为民的情怀，清正廉洁、笃学求真、善作善成，不负初心担使命，展现时代新作为。

链 接

从秘密金库到"扁担银行"

随着国民党军队的步步紧逼，苏区面积日渐萎缩，设在瑞金的国家银行金库时刻受到军事威胁。于是，国家银行在江西石城县横江镇张坑村的烂泥坑设立了一个秘密金库，将重要物资转移到这里。

出于保密需要，国家银行总务科科长莫均涛在登记造册时，特意将黄金写成"黄酒"，将白银写为"白酒"。30担"宝贝"趁夜色被挑进房间，再存到地窖里，用事前备好的石板盖起来，并用石块堵住，做好伪装。次日，参与贮存的红军战士全部撤离，另换一批战士在地窖前的房内守卫。两名便衣特工以熬樟油为名，长期驻守；国家银行和国家政治保卫局定期派人巡回检查。

长征开始后，国家银行人员编入中央纵队第15大队。尽管按照毛泽东的意见，毛泽民已经把金库中的大部分家当分给各军团保管使用，但仍剩下几十担光洋、部分纸币，还有一些金子和珠宝首饰。这些都是毛泽民担任国家银行行长以来辛苦积攒下的最后的家底，也是中央红军长征途中的后备资金。这些家底由中央纵队第15大队负责保管、运输。因此中央纵队第15大队被视为中央红军的"命根子"，前后左右都有红军保护。

在长征途中，中央纵队第15大队一直履行着国家银行的职责，被称为"扁担银行"。1935年秋冬之际，红军抵达陕北吴起镇，核对账目之后发现，除了长征路上的正常开支，竟然没有损失一块银圆。

通道会议和通道转兵：这场"飞行会议"让中国工农红军有了新通道

◎湖南日报·新湖南客户端记者 梁可庭

| 铭 刻 |

中共中央和中革军委负责人在通道召开紧急军事会议，采纳毛泽东的正确主张，作出通道转兵的决策。通道转兵揭开了红军长征伟大转折的序幕，避免了红军北上湘西可能遭受的毁灭命运，为党和红军的长征开辟了一条新的生路。

| 追 寻 |

怀化市通道侗族自治县罗蒙山下的通道转兵纪念馆广场上，一座群雕格外吸引游客的视线。只见位于正中的毛泽东手指前方，意气风发，朱德、周恩来、王稼祥、张闻天神色凝重，五人群雕栩栩如生，似在向来者讲述当年的故事。

1934年12月，中央红军长征途经通道境内时，曾召开了一次重要会议，史称"通道会议"。为了纪念这场会议，当地政府在此修建了通道转兵纪念馆，群雕就位于纪念馆正前方的广场上。

时间回到87年前，从江西瑞金出发的中央红军准备沿赣、粤、湘、

◆通道侗族自治县通道转兵纪念馆群雕。李尚引摄

桂边境到湘西会合红二、六军团。这项计划被蒋介石察觉,他调集几十万军队在通道以北的城步、绥宁等地构筑工事,张网以待,准备全歼红军。

时值冬天,寒风渐紧。到达通道的红军刚经历壮烈的湘江战役,8万精锐之师锐减到3万,大家极度疲劳,战斗力空前减弱。远离根据地,长距离奔波征战,前途尚不明朗……这一切都让大家心头蒙上了一层阴影。

所有人都在思考一个问题,红军向何处去?

"左"倾领导者博古、李德等人不顾实际情况,坚持要按照原计划从通道北上。

长征初期,毛泽东由于长期患病未愈,体力太弱,只能坐着担架行军,恰与被敌机炸伤的王稼祥及张闻天等中央领导人同行、同住。毛泽东抓住机会,同他们一路交谈,坦陈己见。

一路上,毛泽东回顾分析了1934年广昌战役以后红军屡战不支的原因,分析了长征以来红军由于采取逃跑主义、搬家主义而造成的重大损失和危难困境。

在第五次反"围剿"失败和长征以来损失惨重的事实面前,王稼祥等中央领导人都认识到李德等人的军事错误不能再继续下去。他们急切地希望毛泽东重新指挥，让红军转危为安，打几场痛快淋漓的大胜仗。

为了解决红军向何处去的问题，1934年12月12日傍晚，中央红军在通道境内临时动议，召开了中共中央负责人紧急会议。

会议讨论得十分激烈。李德坚持要按原定的战略方针，立即北出湘西。毛泽东则根据已经变化了的敌我形势，据理力争，建议放弃原计划，改变进军路线，西进贵州，进攻力量薄弱的黔军，让部队获得喘息时间。

毛泽东的正确意见得到了周恩来、朱德、王稼祥、张闻天等中央领导人的赞同和支持。当晚7时许，以中革军委名义发出西入贵州的"万万火急"进军电报。次日，军委又再次发出电报。中央红军分两路转兵西向，进军贵州。一场改变中央红军命运的转兵就此拉开序幕，史称"通道转兵"。

由于红军在通道县停留时间不长，开完会议后便急急赶路，会议迅速而短暂，人称"飞行会议"。从"通道会议"开始，以毛泽东为代表的正确路线逐步成为党内多数领导人的共识。

感 言

重温通道转兵历史，深感"实事求是"这四个字是中国共产党克敌制胜的法宝。事实证明，坚持一切从实际出发，实事求是、独立自主地解决中国革命重大问题，才能把革命事业引向胜利。

链 接

陈树湘"断肠明志"

通道转兵之前，红军刚刚经历了惨烈的湘江血战。红军师长陈树湘正是为了掩护主力部队渡江而不幸被俘，断肠明志，壮烈牺牲。

陈树湘是长沙小吴门一个菜农的儿子，1921年与毛泽东、杨开慧夫妇相识，接受马克思主义，参加长沙农民武装并于1925年加入了中国共产党。

1934年春，年仅29岁的陈树湘接任中国工农红军第五军团三十四师师长。同年10月，中央红军开始长征。

长征开始后，三十四师一直担任后卫任务。在湘江战役中，陈树湘率部浴血奋战，付出重大牺牲，全师由原来的5000多人锐减到不足1000人。

在完成掩护党中央、中革军委和主力红军强渡湘江的任务后，三十四师进至湘江边上，陷入敌人的重重包围，师政委程翠林和大批指战员壮烈牺牲。陈树湘率余部300多人转移道县、宁远、江华、蓝山之间，在突围时不幸腹部中弹，身负重伤。他用皮带压住伤口，忍着剧痛躺在担架上指挥战斗。最后，部队弹尽援绝，陈树湘伤重被俘。

敌人企图从陈树湘口中得到红军的情报，对他威逼利诱，而陈树湘毫不动摇，拒医绝食，坚持斗争。其身体越来越虚弱，生命垂危。1934年12月18日，敌人打算将陈树湘押解至道县县城，当行至道县蚣坝镇石马神村时，陈树湘乘敌不备，在担架上忍着剧痛，从伤口处掏出自己的肠子，大喊一声，将肠子用力绞断，壮烈牺牲，实现了他"为苏维埃新中国流尽最后一滴血"的誓言。

遵义会议：**生死攸关的伟大转折**

◎湖南日报·新湖南客户端记者 沙兆华

| 铭 刻 |

遵义会议结束了"左"倾路线错误，开始确立以毛泽东同志为主要代表的党中央新的领导集体，在极其危急的关头挽救了党，挽救了红军，挽救了中国革命，是党的历史上一个生死攸关的转折点。

| 追 寻 |

从建党到开国，中国共产党走了28年。这一段历程的中点恰好是1935年的遵义。遵义——伟大的历史转折地，因一次会议，它戴上了中国革命圣地的光环，而此后的14年，中国革命昂首阔步，走向胜利。

1935年1月初的黔北，寒气袭人，红军攻克了素有"黔北锁钥"之称的遵义城。在这里，红军得到了一次较长时间的休整。这时，毛泽东、张闻天、王稼祥商议，由王稼祥向中央提出要在遵义召开一次政治局扩大会议以讨论重大事宜，王稼祥的提议得到了同意。

此时，远在苏联的共产国际只能从零星情报中得知那支他们一直远

◆遵义会议会址外景。新华社宋开君摄

程控制的红军消失在了莽莽大山中。

毛泽东后来形象地比喻当时的状况:"有先生有好处,也有坏处。不要先生,自己读书,自己写字,自己想问题。这是一条真理。"正是这个时机,中国共产党开始走上"没有先生、自己读书写字",独立自主领导中国革命的道路。

坐落在遵义老城子尹路96号的遵义会议纪念馆(原国民党第二十五军第二师师长柏辉章私邸),是一座中西合璧的两层楼建筑,青瓦灰墙,上下两层均有回廊。1935年1月,红军进占遵义后,这座建筑成了红军总司令部的驻地,也成为遵义会议会址所在地。

二楼东侧长方形的客厅里,天花板上吊着一盏油灯,中间放着一张长方形的桌子,椅子围成一圈。这陈设如初的场景,再现了86年前伟大的历史瞬间。

1935年1月15日,中国共产党党内随中央红军长征的重要领导人、各军团主要负责人和其他相关重要人物共20人,围坐在此,共商大计。会议的主题是检讨在五次反"围剿"与西征中军事指挥上的经验教训。

在紧张激烈的气氛中，遵义会议连开了3天。

首先博古作主报告，他把没有粉碎国民党第五次反"围剿"的原因主要归结为敌人过于强大等客观因素。周恩来作副报告，着重检讨了主观方面的错误。随后，张闻天作"反报告"，击中了"左"倾冒险主义的要害。张闻天批评博古的重大失误：拱手让权于李德，破坏了军委的集体领导，给红军造成巨大损失。

毛泽东随后发言，对博古、李德在军事指挥上的错误进行了切中要害的分析和批评。他指出，这个错误，在整个战争中归纳起来，表现在三个阶段：第一阶段是进攻中的冒险主义，第二阶段是防御中的保守主义，第三个阶段则是退却中的逃跑主义。

毛泽东的发言得到了朱德等在内的绝大部分人的支持，朱德指责李德不仅把根据地弄丢了，还牺牲了很多人命，并且表示如果继续这样的领导，"我们就不能再跟着走下去"。王稼祥明确表示，取消李德、博古的军事指挥权，解散"三人团"，并提议让毛泽东出来指挥红军。

1月17日晚，会议做出了增选毛泽东为政治局常委，取消长征前建立的军事指挥"三人团"等决议。

遵义会议是中国共产党独立自主解决党内重大问题的开端，在红军极其危急的关头拨正了中国革命的航向。

遵义会议后，中央红军在毛泽东等领导指挥下，迈开"铁脚板"，忽东忽西，"四渡赤水"灵活地变换作战方向，迂回曲折地穿插于敌人重兵之间。1935年5月，红军渡过金沙江后北上，彻底摆脱了几十万国民党军队的围追堵截，取得了战略转移中决定性的胜利。

｜ 感　言 ｜

照搬理论写不出自己的历史，复制别人的模式开辟不出自己的道路。遵义会议的历史意义和现实意义之伟大，核心要义正基于此。正如毛泽东所说，我们认识中国，真正懂得独立自主，是从遵义会议开始的。体现着独立自主、实事求是的遵义会议精神如今依旧熠熠生辉，不但照亮了中国过去的革命道路，也指引着中国未来的发展道路。

| 链 接 |

王稼祥："关键一票"的关键作用

"客观地讲，促成遵义会议的召开，起第一位作用的是王稼祥同志。"在1935年遵义会议上担任翻译的伍修权在回忆录中如此写道。也就是说，王稼祥这"关键一票"，在历史的重要关头起了关键性的作用。

1934年12月，中央红军队伍艰难地行进在湖南与贵州的绵延山路间。

此时，几个月疟疾的折磨和对前途的忧心忡忡，使毛泽东身体非常虚弱，只能躺在担架上。与此同时，王稼祥在第四次反"围剿"中身负重伤，也一直躺在担架上。由于两个人的担架经常同行，两人便有了频繁接触的机会。

一路上，毛泽东和王稼祥认真分析了自第五次反"围剿"以来在苏区所发生的事情以及长征途中的情况，取得一致意见，必须在最近时间召开一次中央会议，讨论和总结当前的军事路线问题。随后，毛泽东与王稼祥、张闻天反复酝酿，为遵义会议的召开做了充足筹备。

遵义会议中，在毛泽东长篇发言后，躺在藤椅上、发着高烧的王稼祥也坐直身子发言，他旗帜鲜明地支持毛泽东的意见。

多年后，王稼祥在回忆遵义会议时说，他首先表示拥护毛泽东同志的观点，并指出了博古、李德等在军事指挥上的一系列严重错误，尖锐地批判了他们的单纯防御的指导思想，为了扭转当前不利局势，提议请毛泽东同志出来指挥红军部队，为毛泽东投出"关键一票"。

红二、六军团突围长征：
没"蚀本"的革命奇迹
◎湖南日报·新湖南客户端记者 唐亚新

| 铭 刻 |

红二、六军团自桑植誓师突围到出湘入黔，历时近两个月，转战数千里，成功地实现了原定的战略意图，进入预定地区，为最后红军三大主力胜利会师奠定了坚实基础。

| 追 寻 |

来到位于桑植县刘家坪白族乡的中国工农红军第二方面军长征出发地纪念馆。走进序厅，红二方面军领导人贺龙、任弼时、关向应、萧克、王震的浮雕栩栩如生，格外吸引游客的注意。

"在长征胜利会师的红军三大主力中，有这样一支部队。一年前，从桑植出发时有1.7万余人，长征途中牺牲1万余人，但到达陕甘时仍有1万多人。"讲解员杨丽热情地介绍，这支英勇的部队，就是前身为红二、六军团的红二方面军。他们是红军长征部队中扩红最多、损失比例最小的部队。

毛泽东曾为此称赞：你们一万人，走过来还是一万人，没有蚀本是个了不起的奇迹，是一个大经验，要总结，要大家学习。

◆桑植县刘家坪白族乡的红军战士雕塑,对面是中国工农红军第二方面军长征出发地纪念碑。 湖南日报辜鹏博摄

奇迹,究竟是如何创造出来的?时光倒回至1935年11月。彼时,敌人调集30万重兵准备向湘鄂川黔革命根据地发动新的"围剿"。

面对强敌压境,11月4日,湘鄂川黔省委与军委分会在桑植刘家坪召开联席会议。"这是一次极其重要的会议,做出了红二、六军团实行战略转移的正确决定。"贺龙纪念馆副馆长覃章衡如是说,会议认为眼前强敌逼近,根据地日益缩小,决定实行战略转移,突破敌人的围攻线,转向湘黔边,争取在黔东石阡、镇远、黄平地区创建新的根据地。

刘家坪会议后,红二、六军团开始部署战略转移行动。他们吸取红一方面军长征初期的经验教训,从战略方针的确定到行动前的准备,以及转移时间与方向选择,都做了一系列有目的、有组织、有计划的周密准备工作。11月上旬起,各部队集中在桑植进行休整,广泛开展思想教育和政治动员,整编、充实主力红军,开展军事训练,提高部队战斗力。

11月19日，经过充分准备，红二、六军团分别在桑植刘家坪的干田坝和瑞塔铺的枫树塔举行突围誓师大会。当晚，除留下红十八师就地打游击掩护主力突围外，贺龙、任弼时、萧克、王震率领红二、六军团共1.7万，告别湘鄂川黔革命根据地，告别患难与共、血肉相连的根据地父老乡亲，踏上战略转移的漫漫征程。

覃章衡说："红二、六军团战略转移中最大的一个特点就是，坚持运用毛泽东正确的军事思想，在运动中机动灵活地打击敌人，冲破封锁。"

从桑植出发后，红二、六军团神速突破澧、沅二水，巧妙迂回湘中，声东击西辗转湘西南，吸引调动大量敌军，迫使敌军的主动"围剿"变成了被动"追剿"。

"红二、六军团突围长征的过程，还是播撒革命火种的过程，革命队伍也得到了不断补充和发展。"覃章衡介绍，红二、六军团到湘中后，把武装斗争与群众工作、部队休整与扩红宣传结合起来，广泛开展民运工作，受到了群众的热烈欢迎。在湘中休整的十几天，红军扩军5400多人，并获得大量物资补充，为继续长途征战打下了基础。

1936年1月7日，红军在对"追剿"之敌进行沉重打击后，趁敌人不敢贸然前进之时，由湘西南从容向黔东进军。8日，红二军团进入玉屏县田冲一带。9日，红六军团攻占江口县城。12日，红二军团进占石阡。与此同时，负责执行掩护主力突围任务的红十八师，也于1月9日在黔东江口的磨湾与红六军团主力会合。至此，红二、六军团全部撤离湖南。

感 言

红二、六军团每到一地，都充分发扬人民军队的优良传统，一路撒播着红色的"种子"，赢得了群众的爱戴和拥护，大批群众踊跃参加红

◆位于桑植县刘家坪白族乡的中国工农红军第二方面军长征出发地纪念馆。湖南日报辜鹏博摄

◆桑植县刘家坪白族乡,中国工农红军第二方面军长征出发地纪念碑。湖南日报辜鹏博摄

军,为中国革命注入了有生力量。时至今日,我们更需要发扬军爱民、民拥军的光荣传统,巩固和发展军政军民团结,坚定不移地跟党走,实现中华民族的伟大复兴。

| 链 接 |

"一支拖不垮、打不烂的英雄部队"

红二、六军团从桑植誓师长征时,贺龙代表军委分会把留守湘西、保卫苏区、牵制敌人的艰巨任务交给红六军团第十八师。

该师留守兵员包括医院、机关、干部共计3000余人,师部设在根据地中心龙山县茨岩塘。师长兼政委张振坤是有名的"游击专家"。

随后,红十八师进行了动员,张振坤向全师提出发扬"不怕强大的敌人、不怕险恶环境、不怕艰难困苦、不怕流血牺牲"的"四不怕"精神,坚决完成上级交给的任务。

1935年11月15日起,短短10多天时间里,张振坤率红十八师开展游击作战,经历多次激战,牵着敌人鼻子转,使敌人一时摸不清红军的虚实和意图。最终，他们用生命和鲜血掩护主力部队实现战略转移。

12月3日，红十八师收到军团部"立即突围、赶上主力"的来电。为了把追剿之敌甩得更远一点，红十八师放弃了直接突围的有利时机，而在根据地内兜圈子，继续迷惑敌人，确保主力的安全。

12月15日，红十八师在桑植县陈家河召开誓师大会，并于第二天开始突围。1936年1月9日，红十八师几经辗转征战，在黔东江口的磨湾与红六军团主力会合。

孤军转战近两个月，红十八师以奋不顾身的牺牲精神，辗转20多个县，同数十倍于己的强敌多次战斗，出色地完成了钳制敌人重兵、策应主力突围、最后胜利归队的重大任务。萧克、王震称赞红十八师是"一支拖不垮、打不烂的英雄部队"。

八路军驻湘通讯处：推动建立湖南抗日民族统一战线的"关键力量"

◎湖南日报·新湖南客户端记者 陈奕樊

| 铭　刻 |

八路军驻湘通讯处作为国共合作后在湖南最早建立的中国共产党的公开机关，积极宣传中国共产党的抗日主张，发动群众开展抗日救亡运动，推动全省抗日民族统一战线建立，使湖南形成了国共两党以及各阶层同仇敌忾、团结合作、奋勇抗日的局面。

| 追　寻 |

在繁华的长沙市蔡锷中路有一条僻静的徐祠巷，沿着巷子径直往前走，一栋红檐青瓦的清末宗祠式建筑映入眼帘，这便是八路军驻湘通讯处旧址。

推开一扇黑色的木质大门，只见"国民革命军第八路军驻湘通讯处"的牌匾挂立在红色镂空花窗上。80多年前，这个布局紧凑的徐家祠堂里在推动建立湖南抗日民族统一战线中发挥了巨大的能量。

九一八事变后，"中国何去何从"的声音不绝于耳。1935年8月1日，中共中央发表《为抗日救国告全体同胞书》，号召全国人民团结起

◆国民革命军第八路军驻湘通讯处旧址。湖南日报田超摄

来,停止内战,一致抗日。1936年春,中共特科长沙工作组创办《更生》刊物,首次在湘公开提出建立抗日民族统一战线的主张。

1937年7月,日本帝国主义发动全面侵华战争,民族深陷危亡时刻。中共中央决定在长沙开设八路军通讯联络机构。徐特立和王凌波于12月9日到达长沙,几经筹备,1937年底,八路军驻湘通讯处在东长街(今蔡锷中路)徐家祠堂公开挂牌办公。徐特立的公开身份是八路军高级参议、驻湘代表,王凌波的公开身份是八路军驻湘通讯处上校主任。1938年1月,中共湖南省工委(同年7月改为湖南省委)也在长沙秘密成立,与八路军驻湘通讯处一暗一明,相互配合开展工作。

通讯处建立之初,正值日军占领上海,进逼南京,许多人对战争前途、民族命运十分担忧,他们希望听一听共产党的看法和主张,每天来访的人员络绎不绝。工作人员一概热情接待,坦诚相见。对重要来访者,徐特立亲自接见,与之促膝长谈。他还出面接待了一些外国记者,如美国记者史沫特莱、法国记者李蒙夫妇和菲律宾记者战地访问团等,争取国外舆论的支持。

当时，为了动员更多的民众参加抗日斗争，徐特立多次在银宫电影院、火宫殿、长沙临时联合大学、湖南省立第一师范学校和长郡中学等地公开演讲。徐特立的演讲通俗易懂、气氛融洽，常常能吸引民众驻足聆听。不少革命青年受其感召，奔赴抗日前线。中共湖南省工委机关报《观察日报》描述："徐先生本来是深入民间的，以他那滑稽的口吻，把国家的大事说得很周详，抢去了不少说书人的买卖。"在通讯处旧址内，有一面浮雕壁画生动复原了徐特立在火宫殿演讲的场景。

积极开展对国民党上层的统一战线工作，是八路军驻湘通讯处的重要任务之一。徐特立和国民党省政府主席张治中等人保持着良好的合作关系。特别是通过做张治中的工作，在释放政治犯的问题上取得明显成效。

与此同时，八路军驻湘通讯处还积极筹措抗日物资，为前线输送珍贵的"弹药"。一面向湖南各界人士及海外华侨募集医药用品和通讯器材等；一面与国民党衡阳军需处交涉，领取八路军、新四军的军饷、武器弹药、被服等，转运至武汉八路军办事处、南昌新四军办事处，或直接运送至延安。

1938年8月初，日本侵略军正式展开以夺取武汉为目标的进攻。8月13日，中共湖南省委公开发表《保卫湖南宣言》，号召全

◆国民革命军第八路军驻湘通讯处工作人员运送抗日物资。资料图片

省各阶层人民团结起来，建立广泛的抗日民族统一战线，支援前线。10月，由张治中任主任的湖南民众抗战统一委员会成立，徐特立等中共党员被聘为委员，标志着湖南抗日民族统一战线的形成。

感　言

中国共产党推动建立抗日民族统一战线，成为取得抗战胜利的重要法宝。如今，无论是在抗击新冠肺炎疫情中，还是在打赢脱贫攻坚战的战场，这些最广泛的力量都发挥了重要作用。在全面建设社会主义现代化国家新征程中，我们更加要发挥统一战线的法宝作用，团结一切可以团结的力量。

链　接

抗日救亡时期，湖南进步报刊"以笔为枪"

抗战初期，为唤醒民众积极抗战，湖南新闻出版事业空前繁荣，进步报刊纷纷创立。据统计，当时全省各种进步报刊有396种，其中共产党人、进步人士创办的报刊有《抗战日报》《观察日报》《前进》《大众报》《真报》半月刊等。

1938年1月28日，田汉创办《抗战日报》。当时来湖南避难的文化界人士常常为《抗战日报》撰稿，沈从文、郭沫若、徐特立等人的文章时常见报。

《抗战日报》积极拥护中共抗战立场。报馆曾寻来一套毛泽东著的《论新阶段》，报纸全文转发，这是当时湖南境内最早且唯一公开发表此文的报纸。

《观察日报》于1938年1月25日创刊于长沙，原本为进步青年所创办，同年5月，正式成为中共湖南省工委的机关报。中共地下党员潘开茨任代理社长。

长沙"文夕大火"后,《观察日报》随同省委、八路军驻湘通讯处转移到邵阳。在邵阳期间,《观察日报》利用八路军驻湘通讯处的电台,接收大量来自全国尤其是延安的抗战消息并发表,极大地鼓舞了人们的抗战热情。汪精卫叛国投敌的消息传出后,震惊全国。但邵阳的汪派分子大肆造谣,公开为汪精卫辩护,极力散布"苏联帮助法西斯侵略""毛泽东联合日本来打老蒋"等谣言,《观察日报》挺身而出,著文辟谣,斥责了汪派的卖国行径,使党的抗日主张得到广大群众的拥护。

塘田战时讲学院：
仅存 7 个月的"南方抗大"
◎湖南日报·新湖南客户端记者 刘燕娟

| 铭　刻 |

塘田战时讲学院，是在中华民族生死存亡的危急关头，中国共产党在国民党统治区以统一战线形式创办的战地干部培训学校，被誉为"南方抗大"。

| 追　寻 |

邵阳县塘田市镇对河村，蜿蜒的夫夷水在这里转了一个大弯，河畔拐弯处，矗立着一座建于晚清的大宅院。这里，就是塘田战时讲学院旧址。

时间回到1938年。日寇的铁蹄越过长江后，湖北、湖南告急，中共湖南省委号召全省同胞为保卫湖南而战，要求广大青年到军队去、到前线去。

在此形势下，湖南省文化界抗战后援会研究部主任吕振羽向中共湖南省委和中共中央驻湘代表徐特立建议，在当时的武冈县塘田寺创办讲学院，传授马列主义和抗战思想及策略，培训基层抗日干部。省委和徐特立非常赞同，徐特立特意向当时党中央最高领导人毛泽东做了专题汇报,得到了党中央的同意和肯定。在这个前提下,吕振羽积极开展筹建工作。

为争取讲学院更多的存在和发展时间,吕振羽利用各种统战关系邀请国民党名人显要挂名支持,国民党湖南省政府主席张治中担任名誉董事,国民政府司法部副部长覃振担任院长,湖南省参议会议长赵恒惕担任董事长。讲学院既有国民党政府高层的支持,也有地方行政主官的加入,还有当地开明绅士的拥护,建立起广泛的统一战线。

同年8月,讲学院筹备工作就绪。史学家翦伯赞、文学家张天翼、语言学家曹伯韩等大作家、名教授自愿来到这个偏僻山沟无偿教学。此时,在邵阳宝庆城、武冈县城等地,到处张贴着讲学院的招生广告。

1938年9月15日,讲学院开学。学生有120人,来自湖南、江西、东北等地,有县委书记、民先队员、青年学生、印刷工人、小学教师、尼姑等身份的人员。讲学院以"坚持抗战,坚持持久战,实施战时教育,培养抗战干部"为教育方针,设研究班和补习班,研究班偏文史理论,

◆位于邵阳县塘田市镇对河村的塘田战时讲学院旧址。湖南日报辜鹏博摄

补习班偏科技实践,但均以中国革命运动史、抗日民族战争讲座为共修课,课程教材大都由教师自己编写。

◆塘田战时讲学院旧址前坪展示着创作于1938年9月的院歌歌词。

师生还以小组形式深入农村进行抗日宣传活动,为老乡开展识字扫盲教育、教唱抗战歌曲、表演抗战剧曲、帮助老乡春耕秋收。通过对群众的识字教育,宣传抗战。在学校周围的田野、山村和夫夷江畔,处处回荡着抗战的歌声。

讲学院建立了党小组及党支部,在学生中培养发展了40多名共产党员、100多名中华民族解放先锋队员。受党组织的委托,学生党员在武冈、新宁、城步、绥宁、洞口等地建立了地下党组织,填补了抗战时期党在这些地区的空白。

1939年4月21日,由于国民党反动派的破坏,讲学院被迫解散。短短7个月,讲学院为党培养了250余名进步青年,他们当中有曾国策、谢维克等同志,为革命流尽最后一滴血;有邓晏如、姜景、刘逊夫等同志,在各条战线继续为党奋斗。学员们先后奔赴抗战前线或在敌后坚持斗争,为夺取抗战胜利和民族解放作出了重大贡献。

"我们是迎着大时代的巨浪,勇敢热情的青年聚集一堂,加紧学习,奋勇救亡……同学们,起来!走向光明的路上,我们是创造新中国的健将!"这首由曹伯韩作词,张天翼作曲的塘田战时讲学院院歌至今仍在当地群众中传唱,激励着后人奋勇前进。

感 言

如果说当年的延安抗大是培养党的高层次抗日干部的摇篮,那么塘田战时讲学院就是南方基层抗日干部的一座革命熔炉。讲学院师生深入基层践行党的群众路线,运用马克思主义理论武装人民群众,不断推进马克思主义中国化、时代化、大众化,至今值得我们发扬光大。

链 接

"红色教授"吕振羽

吕振羽,1900年出生于邵阳县金称市镇,早在20世纪20年代末就开始从事高等教育工作,先后在民国大学、朝阳大学、中国大学、复旦大学等学校任教,30年代初即被聘为教授。

当时在塘田战时讲学院有一位常德姑娘,她白天忙于研究班学习,辅佐吕振羽行政事务,晚上匆匆奔赴夜校,耐心教乡亲们识字。姑娘一口常德腔普通话清丽婉转,很受百姓欢迎,她就是吕振羽的学生王时真(在讲学院加入中国共产党,后参加新四军并改名江明)。1938年10月,经党组织批准,她与吕振羽在讲学院举行了简朴的婚礼,结为终身伴侣。

讲学院被迫解散时,吕振羽安全护送一个个师生离校,处置善后事宜,最后一个离校。他没有真正离开,而是召集师生在离讲学院几公里的油塘举办了两期党训班,播下了更多红色火种。

皖南事变以后,在新四军根据地华中局党校,吕振羽为参加培训的各级革命干部主讲《中国革命史》《中国社会史》《中国哲学史》,被称为"红色教授",是最受学员欢迎的一位老师。

1980年,吕振羽在北京逝世。遵其遗嘱,江明将20世纪50年代初自购的北京市中心一座四合院连同自购的近3万册珍贵古籍、12幅元明清名家书画无条件悉数捐给国家,再次印证了吕振羽的高贵品格。

"文夕大火"后周恩来率先组织救灾：
至暗时刻，共产党人"逆行"守护长沙

◎湖南日报·新湖南客户端记者 王为薇

| 铭 刻 |

1938年，以蒋介石为首的国民党军政当局一手策划"文夕大火"，将长沙古城化为废墟，使长沙民众蒙受巨大灾难。危难时刻，正在长沙领导抗日救亡运动的周恩来挺身而出，与蒋介石交涉，迫使其接受三项善后措施，第一时间组织共产党人投入善后赈灾工作，守护长沙百姓安危。

| 追 寻 |

长沙天心公园内，一段200余米长的古城墙和一口铜制警世钟静默无言，它提醒着人们，勿忘83年前的那场苦难。

站在警世钟前，"文夕大火"当年出生的老人涂永安默哀良久："可惜、可叹、可悲、可哀。"涂永安老人从小就听父母讲述"文夕大火"的故事。老人小名的由来亦与这场大火有关。大火发生时，涂家举家逃往长沙县春华山。"随后我就出生了，父母便唤我'春华'。我娘说，他们边逃命边往回望，长沙城被烧得红了半边天。"

"文夕大火"前，兼任国民政府军事委员会政治部副部长的中共中

央革命军事委员会副主席周恩来,和中共中央长江局军事部部长、八路军参谋长叶剑英一道,正在长沙领导国统区人民的抗日救亡活动。此时,日军攻入湖南,岳阳失陷,长沙城内风声鹤唳、草木皆兵。国民党湖南省当局接到蒋介石"焦土抗战"的密令,计划纵火焚城。

1938年11月13日凌晨2点左右,长沙城起火,很快蔓延至全城。因事发突然,又是深夜,葬身火海者不计其数。全城百分之八九十的房屋被烧毁,经济损失无法估量。

其时,周恩来回到位于长沙市蔡锷中路徐祠巷的八路军驻湘通讯处,刚躺下不久,就发现大火漫天。周恩来、叶剑英率工作人员一道冲出火巷,撤往湘潭。13日下午,周恩来一行到达湘潭,立即召开紧急会议,研究应急对策。14日,周恩来和叶剑英赶赴南岳,就大火的责任和善后问题当面向蒋介石提出质问。周恩来就善后救急向国民党当局提出三点要求:发放款项救济灾民,调集民工清理街道、掩埋尸体、搭盖窝棚安置灾民,惩办放火的罪魁祸首。蒋介石被迫接受这三点要求,将具体执行焚城的酆悌、徐昆、文重孚3人处决,同时将湖南省政府主席张治中革职留任,以此缓解民愤,开脱他的罪责。

16日,周恩来、叶剑英在衡阳组织长沙火灾善后突击工作队,日夜兼程赶回长沙,主持救灾工作。他们成为最早赶赴长沙的救灾人员。面对灾后惨景,周恩来把200多名救灾工作队员分为宣传、救灾、调查3个组,统一佩戴"八路军通讯处"徽章,迅速投入救灾工作。救灾工作千头万绪,包括抢救伤病员、掩埋死难者尸体、抢救粮食物资、开放粥水站、扑灭余火、清理街道、动员灾民回城、发放救济金等。在周恩来的精心组织、周密安排下,善后工作有条不紊地展开。

19日,周恩来通过报纸向公众公布长沙大火真相,以正视听。他亲自起草了《告长沙同胞书》,严厉指责放火者对人民犯下的不可饶恕的罪行,阐明要稳定后方、支援前线、继续合作、坚持抗战的道理。其倡议得到各方拥护,对稳定大火后长沙军民情绪起到了积极作用。在各方

◆长沙市天心阁,一段古城墙见证了83年前"文夕大火"带给长沙人民的苦难。湖南日报童迪摄

压力下,11月22日,国民党湖南省政府组成长沙市火灾临时救济委员会,进行救灾工作,决定发放50万元救济费。

为了保证赈灾款能真正发放到每一个灾民手中,周恩来力主由突击工作队负责发款工作。赈灾款的发放场所设在教育会坪和四十九标广场两处。周恩来、叶剑英坐镇指挥。灾民领款后,每人按上一个指印。不分男女老少,每人5元,哪怕是大火中刚出生的婴儿也有一份。由于安排周密,不到一周时间,赈灾款顺利发放到近10万名灾民手中,无一差错。

感 言

习近平总书记指出,关键时刻冲得上去、危难关头豁得出来,才是真正的共产党人。回顾百年党史,我们清晰地看到,在每一个人民需要的时刻,总有共产党人冲锋在前的身影。他们的义无反顾,激励着我们在奋斗征程中勇当先锋、敢打头阵,用行动展现共产党人政治本色。

| 链 接 |

灾难中的湖南人不屈不挠，"牛脾气"令人动容

"文夕大火"烧了三天三夜，原来繁华的街道变成残垣断壁，学校、银行、工厂、商店毁于一旦，可谓"千年缔造，可怜一炬"。在大灾大难面前，湖南人毫不消沉，他们坚强自救、重整旗鼓，不屈不挠的"牛脾气"，让人为之动容。

《义勇军进行曲》词作者田汉，在周恩来召唤下，第一批次进入长沙城从事灾后救济和重建工作。他后来回忆说，湖南人被称为"湖南牛"，是有几分牛脾气的。一家酱园老板回城，见他的店子烧得精光，他不是哭而是笑着说："不要紧，还剩下两口缸，我还能搞起来。"

进入长沙城的长沙大火善后突击工作队宣传组，发现了废墟中有铅字和残缺的印刷机，于是工作队员开始编印铅字小报，并组织了一批受灾儿童当报童。报纸编印出来，免费分发给报童上街售卖。售卖的收入归报童们作生活费用，以作救济。每当报童们排队取报时，音乐家任光则用他带来的小风琴教孩子们唱歌。任光最先教他们唱的便是著名的《卖报歌》。"总有一天光明会来到……"这句歌词随着孩子们的歌声传遍长沙城，鼓舞着苦难中的灾民。

在大火后的救济中，被革职留任的张治中既对周恩来及其率领的共产党人心怀感激，又佩服地说，长沙灾民愿意自力营生的是这样的多（贷款自救者达23804人），而愿意进收容所的是那样的少（愿领灾民证者仅217人），这正反映了湖南民性的坚强处……这个统计数字使我大为感动。

南岳游击干部训练班：
国共合作培育抗日军事人才

◎湖南日报·新湖南客户端记者 沙兆华

| 铭 刻 |

在中国共产党提议力促下，南岳游击干部训练班为抗日战争培训了3000多名游击战骨干。这是抗日民族统一战线的成果，是国共两党第二次合作的历史见证，被称为"培育抗日军事人才的摇篮"。

| 追 寻 |

巍巍南岳，绵延横亘百里。

80多年前，抗日战争全面爆发，秀美南岳被抗日烽火点燃。

1938年10月，国民党在正面战场节节败退。撤守武汉前夕，蒋介石主持召开华中地区高级将领会议，身为第二战区副司令长官兼第十八集团军总司令的朱德向蒋介石提议，在抗日战争相持阶段发展敌后游击战，并建议国共两党合作举办游击干部训练班。面对战争的严峻形势，蒋介石满口答应。

1938年11月，蒋介石主持召开第一次南岳军事会议，正式决定在南

◆中共代表团团长叶剑英（前排中）与全团教官和工作人员合影。资料图片

◆20世纪三四十年代的南岳圣经学校，这里是3期南岳游击干部训练班举办地。资料图片

岳举办游击干部训练班，并请中共中央派人来任教官，讲授游击战。

随即，中共中央派出由八路军参谋长叶剑英任团长，30多名教官和工作人员组成的中国共产党代表团，前往南岳，参与训练班创办和教学工作。毛泽东鼓励叶剑英："去吧，去讲我们的一篇道理。"

南岳游击干部训练班由蒋介石兼任主任，白崇禧和陈诚兼副主任，汤恩伯任教育长，叶剑英任副教育长。

训练班所在的南岳圣经学校位于衡山集贤峰白龙潭上方的山谷里，坐拥峡谷飞瀑，风景优美。1939年2月15日，训练班第一期在这里正式开学，共有学员1119人。当时讲授游击战没有现成的教材，叶剑英号召大家一齐动手，编写出了《游击战术讲义》《抗日游击队政治工作教程》等游击教材，通篇贯穿着毛泽东抗日民族统一战线的路线、方针与政策。

编写教材时，有人提出疑问，是否要将游击战这篇道理讲透彻。叶剑英明确表示："一定要认真地、毫无保留地去讲。"于是，中共教员倾囊相授，让国民党正面战场军官获益匪浅。

叶剑英讲《游击战概论》，内容深入浅出，讲课形象生动，连国民党第九战区的一些军官也慕名从长沙、衡阳赶来。教室容不下，叶剑英就将课堂搬到礼堂或者操场上大课。每次上课是两个小时，下课的号令响了，学员们都请求："再讲5分钟好不好？"

一次讲到军民关系，叶剑英用鱼水来比喻。他说，开展群众游击战争，要紧紧依靠群众，在敌后作战，一刻也离不开群众。这让来自衡山战时青年工作队的学员谭安猷终生难忘。

中共教员推行"教""学""做"三合一新型办学模式，以严格的教育训练管理来严明学员纪律，以野外军事训练培养游击战快速反应能力，以民运政治工作树立军民鱼水观念。与学员们朝夕相处的日子里，中共教员怀揣着救亡图存的信念，以艰苦朴素、平易近人的工作作风，吸引不少学员主动与他们谈心，更有学员表达了希望到八路军、新四军参加游击战的愿望。

4月16日,周恩来以国民政府军事委员会政治部副部长的身份到南岳游击干部训练班检查工作,连续两个晚上为全体学员作题为《中日战争之政略与战略问题》的报告,传达了抗战必胜的坚定信念,给全体师生以极大的鼓励和教育。

5月15日,经过3个月的学习,第一期学员毕业,大家与中共教员依依不舍,纷纷拿出笔记本让他们题词,叶剑英鼓励大家:"到敌人后方去,把鬼子赶出去。"

从1939年2月到1940年3月,南岳游击干部训练班共举办3期,中共代表团以极其丰富的游击战争经验,为抗日战争培训了3000多名游击战骨干,为取得抗日战争胜利作出了重要贡献。

感 言

国难当头,中国共产党以救亡图存、民族复兴为己任,为全面抗战胜利作出全方位努力,彰显了一个革命大党的磊落胸怀。在大是大非面前,中国共产党始终把人民和民族的利益放在第一位。时至今日,一切为了人民,仍然是中国共产党的执政之基、力量之源,是中国共产党带领全国各族人民实现中华民族伟大复兴的最根本保证。

链 接

周恩来为南岳爱国僧众题词:"上马杀贼,下马学佛"

南岳游击干部训练班开学后,学员们晨起出操的军号声、训练的口号声,不时在山谷里回响,有时在"民运工作日",南岳游击干部训练班的学员也会到寺院道观参观访问,向僧人进行抗日救国的宣传,让千年古刹的僧侣们也充满着抗敌斗志。

1939年4月，南岳福严寺的巨赞法师和上封寺的知客僧演文、祝圣寺的暮茄法师，组织"佛教僧青年救国团"，周恩来予以积极支持。他挥毫写下"上马杀贼，下马学佛"8个遒劲有力的大字。

周恩来解释说："现在日本强盗正在大批杀戮我同胞，我们不把杀人的贼杀掉，怎么普渡众生？这是善举。杀贼就是为爱国，也是为了佛门的清静。你们出家人只出家，没有出国，所以同样要保国、爱国！抗战就是杀贼，杀贼就是抗战救国。"

周恩来题词给宗教界人士以极大鼓舞。5月7日，在南岳佛道救难协会成立大会上，巨赞法师挥毫写下一副对联：身在佛门，愿不惹人间是非；国有大难，今显出炎黄本色。

之后，南岳僧人组成青年服务团和流动工作团，奔赴长沙、湘潭、衡阳等地，救护被日机炸伤的难民，为抗日阵亡将士超度，积极开展抗日宣传，树立了宗教界抗战的一面旗帜。

平江惨案：
"亲者痛仇者快"的历史悲剧

◎湖南日报·新湖南客户端记者黄晗 通讯员吴承瞿

| 铭 刻 |

平江惨案是抗日战争进入相持阶段后，国民党反动派于国难中起内讧，破坏团结抗日局面，制造的一出"亲者痛仇者快"的历史悲剧，在中国革命史上留下了沉痛的一页。

| 追 寻 |

汨罗江，一池春水缓缓向西流淌。

走进平江县加义镇上街，两排商铺和其他街道并无二致，唯有位于上街33号的"新四军平江通讯处旧址"颇为与众不同。这是一座坐北向南占地530平方米的砖木结构房屋，挂有"湖南省重点文物保护单位"和"岳阳市爱国主义教育基地"的牌子。80多年前，这里曾作为新四军平江通讯处驻地。抗战期间，一场由国民党反动派制造的惨案在此发生，在中国革命史上留下了沉痛的一页。

今年55岁的钟青玉，是这里的日常管理和讲解人员。

1938年2月，随着湘鄂赣边区抗日民族统一战线的形成，湘鄂赣红

◆新四军平江通讯处旧址。湖南日报李健摄

◆距新四军平江通讯处旧址不到200米的烈士陵园内,雕刻着毛泽东发表的《必须制裁反动派》演说全文。湖南日报李健摄

军游击队改编为新四军第一支队第一团,开赴皖南抗日前线。游击队在嘉义镇(后更名为加义镇)设立新四军平江留守处,后改称通讯处,留有工作人员、警卫战士、干部家属等100多人。

通讯处在中共湘鄂赣边区特委的领导下,宣传党的抗日方针,发动边区人民积极开展抗日救亡运动,安置伤病员和抗日军人家属,动员青年参加新四军,发动群众毁路、炸桥,截断日军的运输线,还加强

◆新四军平江通讯处旧址航拍图,屋后为汨罗江。湖南日报李健摄

了地方党组织建设。

然而,1939年1月,国民党五届五中全会在重庆召开,蒋介石对共政策发生重大转变。国民党顽固派极其害怕和仇恨中共抗日力量,蓄谋破坏国共合作。新四军平江通讯处成了国民党顽固派的"眼中钉"。

1939年6月12日,驻平江的国民党第二十七集团军总司令杨森执行蒋介石的密令,突然袭击新四军平江通讯处,将中共江西省委副书记兼湘鄂赣特委书记涂正坤、中共湘鄂赣组织部部长罗梓铭、新四军驻赣办事处秘书兼江西省委组织部部长曾金声、中共湘鄂赣特委秘书主任吴渊及通讯处工作人员吴贺泉、赵绿吟等残忍杀害,制造了震惊全国的平江惨案。

"涂正坤、吴渊2位烈士被骗出通讯处,没走几步就被枪杀了。罗梓铭、曾金声、吴贺泉、赵绿吟4位烈士则被活埋在了200米外的虎形岭黄金洞。"钟青玉说起这段往事，悲愤交加。

平江惨案发生后，激起了抗日根据地和国民党统治区人民的公愤。

"今天是八月一日，我们在这里开追悼大会。为什么要开这样的追悼会呢？因为反动派杀死了革命的同志，杀死了抗日的战士……"1939年8月1日，毛泽东在延安召开追悼会，悼念平江惨案中牺牲的烈士，并发表《必须制裁反动派》的演说。徐特立代表中共湖南省委为追悼涂正坤、罗梓铭等死难者题词，号召"将革命进行到底，才足以安慰死难者在天之灵"。中共中央南方局书记周恩来向国民党当局提出抗议，并在重庆举行追悼会。中共中央的挽联为：在国难中惹起内讧，江河不洗古今憾；于身危时犹明大义，天地能知忠烈心。

今天，距新四军平江通讯处旧址不到200米的烈士陵园内，罗梓铭、曾金声、吴贺泉、赵绿吟4位烈士的墓碑静默矗立，毛泽东发表的《必须制裁反动派》演说全文被雕刻在石雕上，如今读起来依旧振聋发聩。

面对日益险恶严峻的环境，中共湖南省委一方面坚持不懈地维护和巩固抗日民族统一战线，继续开展抗日救亡工作；另一方面，有计划、有步骤地将省委机关和各地组织转入地下，从而保存了党的力量，坚持长期抗战。

感 言

"寸土千滴红军血，一步一尊英雄躯"，是对湖南革命先烈作出巨大牺牲的生动诠释。这场震惊全国的惨案中，涂正坤、罗梓铭等6名同志用鲜血和生命谱写了英雄壮歌，也是建党百年来，无数共产党人前赴后继、不畏牺牲的一个悲壮缩影。今天，我们唯有继承先烈遗志，传承红色基因，继续将共产主义事业推向前进，方能告慰先烈英灵。

| 链 接 |

涂正坤遗孀朱引梅：带幼子乞讨10年，将1斤黄金交给党

1939年6月12日，新四军上校参议、中共湘鄂赣特委书记涂正坤倒在了国民党反动派的枪下，年仅42岁。这一天，朱引梅失去了丈夫，刚出生不久的涂明涛没了父亲。

在整理涂正坤遗物时，朱引梅发现了涂正坤保存的1斤黄金，这是由涂正坤保存的党的活动经费。苦于找不到党组织，朱引梅将这1斤黄金藏在破棉衣内，一直带在身边。

为防止国民党反动派再行凶，朱引梅带着幼子辗转流离，往北到了湖北通城，往南到了浏阳，受尽苦头。为躲避追踪，朱引梅没办法找一份稳定的工作，只能找一些短工维持生计，甚至一度靠乞讨度日。

如果朱引梅将1斤黄金卖掉，或者拿出一部分来，何愁换不来安定的生活？但是，纵然时常风餐露宿、食不果腹，朱引梅始终没有打过黄金的主意。

带着丈夫涂正坤"一定要把黄金交给党"的承诺，带着对革命必胜的决心，带着对国民党反动派的痛恨……尽管每日忍受痛苦，朱引梅带着儿子硬是咬牙度过了艰难的10年光阴。

直到1949年7月，平江解放，朱引梅将一直带在身边的1斤黄金交给了平江县人民政府。

石公华抗日根据地：
照亮湘西北地区抗战的一盏明灯
◎湖南日报·新湖南客户端记者 杨佳俊

| 铭　刻 |

> 石公华抗日根据地是抗战期间出现在湖南境内的一块主要的敌后抗日根据地。它的建立，犹如一盏明灯，照亮了湘西北地区，极大地鼓舞了湖南人民敌后抗战自卫的信心与勇气，在湖南抗战史上留下了光辉的一页。

| 追　寻 |

位于华容县城东北、地跨湘鄂两地的桃花山春意盎然。翻过盘山公路，密林之下，阳光忽明忽暗，如同走进一条时光隧道。恍惚间像回到了那个战火纷飞的革命年代。

1938年10月，武汉失守，国民党中央政府退至西南之后，湘鄂边界地区成为敌我双方拉锯交战的战场。处于这一区域的湖北石首、公安和湖南华容3县，战略地位十分重要。特别是这一带盛产的粮食、棉花，更是敌我双方争夺的战略物资。

1943年5月，侵华日军发动鄂西战役，石首、公安、华容先后沦

◆位于华容县桃花山半山腰的新四军江南挺进支队战地医院旧址。湖南日报李健摄

陷。按照中共中央南方局和华中局的既定方针,鄂豫边区党委和新四军第五师党委做出了"准备由襄南向江南敌后发展,待机挺进洞庭湖畔"的指示。9月,新四军江南挺进支队和中共石公华县委分别成立,杨震东任支队长,张泽生任县委书记。

1943年11月,新四军江南挺进支队跃过长江,于12月1日抵达桃花山,进而开辟了以桃花山为中心,辐射石首、公安和华容3县的石公华抗日根据地。

为什么选择桃花山?原华容县委党史办主任郭清彬介绍,土地革命战争时期,这里曾是湘鄂西苏区的重要组成部分,群众基础好。其次,桃花山群峰耸立,古木参天,地势险要,便于隐蔽和游击作战。

石公华抗日根据地的建立,使鄂豫边区得到扩大,为新四军进军湖南的敌后战场建立了一个坚实的基点。同时,从南面钳制了盘踞武汉的日军,牵制了日军攻占常德的战略企图。

在桃花山半山腰的新四军江南挺进支队战地医院旧址附近，有一棵被围起来的参天古树。当地党史专家易文介绍，由于当时战地医院条件有限，很多伤员的救治工作就是在这棵大树下进行的。这棵有着1000多年树龄的古银杏树，见证了那段革命烽火岁月。

在开展游击战保卫根据地的同时，石公华县委和江南挺进支队还积极开展政权、经济、地方武装和思想文化教育等方面的建设，以巩固新生的石公华抗日根据地。

石公华县委着手筹建抗日民主政府。按照"三三制"（共产党员、进步人士和中间派各占1/3）建政原则，成立了石公华县行政委员会。委员会下设民政、财粮、建设、教育、司法、动员6个科。县行政委员会在动员民众参加抗战、领导根据地建设等方面发挥了重要作用。

为了粉碎敌人的经济封锁，石公华县委领导军民着力进行经济建设。县行政委员会召开干部大会，制定了合理的田赋税收政策，使税收走上正轨；同时，强调兴修水利，确保农业生产丰收。

在扩大武装方面，石公华县委除了不断充实和扩大江南挺进支队，使其由1个连发展为5个主力连外，还大力抓起了地方武装建设。到1944年7月，根据地所辖6个联乡都先后建立了区中队，每个区中队约二三十人，各联乡所辖的乡也都建立了民兵基干队。这些地方武装组织为配合主力作战，保卫和建设根据地起了很大作用。

1944年8月，石公华临时参议会成立。不少开明绅士、地主和资本家积极响应并踊跃参加，石公华地区出现了群众性的抗日热潮。

此外，石公华县委还及时开展根据地内文化教育建设，通过多种途径，发展根据地的文化教育事业。如因陋就简创办大量私学，解决农民子女的入学困难问题；组织人员编写抗日教材，努力提高干部的文化水平和工作能力。

石公华抗日根据地的建设一直持续到1945年。抗战胜利后，部队奉命北撤，石公华抗日根据地宣告结束。

感 言

石公华抗日根据地在四面受敌、极为艰难困苦的情况下,军民团结一心,坚持抗战,最终迎来了胜利。回望历史,凝聚前行的力量。今天,我们更加要坚定理想信念,以敢于担当、甘于奉献、勇于斗争的精神,无惧任何困难与挑战,向着中华民族伟大复兴的新征程昂首迈进。

链 接

新四军拼命抗日,老百姓安心过年

石公华抗日根据地犹如一把利剑,拦腰截断了日军控制的长江航道,直接威慑华容、绣林、麻豪口、调关、焦山河、塔市驿等地的日伪据点。日伪军为此深感不安,他们对根据地发动了一次又一次的"扫荡"。

1944年1月,驻守华容县城的日军300余人进犯桃花山。江南挺进支队采取声东击西战术,主力向砖桥方向边打边退。支队长杨震东则率少数兵力向华容县城发动佯攻,诱使敌人回援华容。待敌赶回华容时,杨已率部撤回桃花山,取得了反"扫荡"战斗的胜利。

日军对桃花山根据地不但在军事上疯狂扫荡,而且经济上也进行封锁,实行极其残酷的"三光"政策,将当地百姓的食盐、粮食抢劫一空,企图将根据地军民困死、饿死。1944年1月24日,即农历除夕,杨震东带领两个连的兵力夜袭墨山铺日军据点,一举缴获步枪20多支、子弹3000余发,及大批食盐、布匹、腊肉、香烟、火柴等物资。

这次夜袭使日军在一段时间内不敢外出骚扰,根据地军民过了一个太平年。

为此,当地一位老人挥笔写下了一副春联:"新四军拼命抗日,老百姓安心过年。"

八路军南下支队入湘：
驰骋三湘战日伪

◎湖南日报·新湖南客户端记者 苏莉、施泉江

| 铭　刻 |

　　八路军南下支队在湖南艰苦转战半年时间，战斗足迹遍及19个县市，先后在多地建立抗日民主政权，积极宣传发动群众，扩大政治影响，播撒革命火种，有力地推动了湖南各地党组织的恢复和发展，对湖南人民的革命斗争产生了深远影响。

| 追　寻 |

　　春分节气，雨水浸润江南。岳阳平江天岳书院内的树木已添新绿，饱经岁月的青砖灰瓦在春意的映衬下，更显古朴。76年前，以八路军第三五九旅为主力组建的国民革命军第十八集团军独立第一游击支队（以下简称"八路军南下支队"）转战数千里，抵达平江的时候，也正是在这样一个生机勃勃的春天。

　　1944年，面对抗日战争形势的变化，中共中央制定巩固华北、华中抗日根据地，发展华南抗日根据地的战略方针。其中一个重要的战略部

署，就是组织八路军南下支队深入敌后，建立湘鄂赣抗日根据地。

1944年11月，八路军南下支队在司令员王震、政委王首道率领下，从延安出发一路南下，于1945年3月23日抵达湖南省平江县沙铺里。

部队入湘后，经报党中央批准，取消了原番号，改名为"国民革命军湖南人民抗日救国军"，下属的6个大队改为6个支队。

3月26日，部队通过策反县警察局局长，不费一枪一弹占领平江县城。当晚，司令部和政治部就驻扎在县城东郊天岳书院。27日早晨，部队在县城街头公开张贴《国民革命军湖南人民抗日救国军司令部布告》，阐明"本军奉命援湘，消灭万恶敌人"的目的，发出号召："愿我三湘子弟，一致义愤填胸。起来保乡卫国，充当抗日英雄……"平江人民看到布告，兴奋地奔走相告："当年的红军又回来了！"

3月28日，部队在县城景福坪召开全县民众大会，成立平江县抗日民主政府，恢复了中共平江县委。

不久后，由于受到国民党军队的夹击，八路军南下支队撤离平江县城，分散在岳阳、临湘、平江、通城、崇阳之间的地区内，发动群众开展抗日游击战争，建立各级抗日民主政权。因遭到国民党顽固派重兵围剿，未能建立起湘鄂赣抗日根据地，但仍然给日伪军以沉重打击。

为了深入湘中开辟敌后抗日根据地，八路军南下支队决定派队伍进驻湘阴敌后地区。4月2日，熟悉湘阴情况的杨宗胜、吴光远率领南下支队第六支队穿过敌人防守空隙，到达湘阴。

第六支队虽号称一个支队，实际只有两个连的兵力，而驻湘阴的日军则有3个联队4000多人，兵力占绝对优势。通过对敌人营垒中的各派势力及代表人物逐个分析，第六支队最后成功策反了湘阴县日伪县长兼保安司令左钦彝。在左钦彝配合下，第六支队留在湘阴地区艰苦战斗了5个多月，成功开辟了以白鹤洞为中心的湘阴敌后抗日根据地，与日伪军进行了数十次战斗，屡战屡胜，成为威震湘东的一支抗日劲旅，队伍也日益壮大。

◆平江天岳书院,八路军南下支队司令部曾经驻扎在这里。湖南日报童迪摄

7月上旬,根据中共中央指示,八路军南下支队主力继续向南进军,第六支队则留在湘阴坚持抗日游击战争。8月初,八路军南下支队主力抵达湘潭盐埠,与中共湖南省工委书记周里会合,决定将一支分队留在湘中,开展抗日工作,主力继续南下。9月,主力部队进入湖南与广东两省交界的五岭山脉,准备与坚守广东的东江纵队会师,共建华南抗日根据地。后因国内局势变化,决定放弃这一计划,北返中原,于9月20日从临湘撤出湖南。

半年时间里,八路军南下支队驰骋三湘,给日伪军以沉重打击,也一路播下了革命的火种,为湖南取得抗战胜利作出了重要贡献。

感 言

艰苦卓绝的抗日战争中,湖南人民始终站在抗战前列,以"天下兴亡、匹夫有责"的爱国情怀,视死如归、宁死不屈的民族气节,不畏强暴、血战到底的英雄气概，百折不挠、坚忍不拔的必胜信念为抗日战争的胜利作出了巨大的贡献。今天，我们更要传承和弘扬伟大抗战精神，从血与火的历史中汲取前进的智慧和力量，敢于应对重大挑战、抵御重大风险、克服重大阻力、解决重大矛盾，爬坡过坎、闯关夺隘，赢得胜利。

| 链　接 |

每15个湖南人中，就有一个走上抗日战场

1937年7月7日，日本侵略者悍然发动全面侵华战争。同年8月14日，日军飞机第一次轰炸湖南。此后的8年，三湘四水遍地战火。湖南各族、各界人民为抗战胜利作出了巨大牺牲和贡献。

从1939年到1944年，堪称"东方凡尔登"的湖南，成为相持阶段日军的主要进攻方向和中国军队的主要防御地带。日军在湖南投入兵力达50余万人次，先后发动了3次长沙会战以及常德会战、长衡会战、湘西会战等6次重大战役，超过全国正面战场22次会战总数的1/4。

"宁为沙场鬼，不做亡国奴"，湖南人民抱着血战到底的信念，以惊人的胆略和无穷的智慧，团结一心、英勇御敌。从1937年到1945年，全省征募兵员210万人，平均每15个湖南人中，就有一个人走上抗日战场。

抗日战争期间，有百余万湖南人民参加了侦察队、救护队、交通队、宣传队和慰问队，疏散人口、抢运军用物资、救护伤员、侦察敌情、担任向导、构筑工事等。为了配合湖南正面战场作战，湖南人民在自身承受人力、物力、财力的巨大损失的情况下，每年供应军粮1000万担、军布300万匹、军棉7万担，并提供了大量的钨、铅、锌、锑等战略物资。

中共七大胜利召开：
确立毛泽东思想为党的指导思想

◎湖南日报·新湖南客户端记者 周帙恒

| 铭 刻 |

　　中国共产党第七次全国代表大会（以下简称"中共七大"）是中共历史上间隔期、筹备期、会期都创纪录的一次全国代表大会。在50天的超长会期里，大会构筑了我党第一座理论大厦——毛泽东思想，选举产生了以毛泽东为核心的中央领导集体，使全党在思想上、政治上、组织上达到空前的团结和统一。

| 追 寻 |

　　春日暖阳洒向位于陕西延安杨家岭的中共七大会址中央大礼堂，时光仿佛回到76年前。

　　鲜艳的党旗，简朴的条桌木椅，毛泽东亲笔为大会题写的"同心同德"4个大字……静静站在礼堂，耳畔仿佛听到中共七大代表们的铿锵脚步声。

　　1945年的春天，神州大地炮火连天，一寸山河一寸血。在反法西斯

◆游客在延安杨家岭革命旧址参观。杨家岭革命旧址是中共中央驻地旧址,中共七大在此召开。 湖南日报田超摄

战争赢得最后胜利的前夜,群山环抱的延安城内,陌生的面孔陡然多了起来。

他们渡过严密封锁的长江,跨过波涛滚滚的黄河,翻越巍峨耸立的太行山脉,从四面八方奔向延安城,行程上万里,目的是参加中共七大。

这些中共七大代表为了路途安全,有的化装成商人、小贩或乞丐,一步一步艰难跋涉;有的则由八路军、游击队、地下党一程又一程接力护送。最终,出席中共七大的755名代表齐聚党中央驻地。

全体代表分为8个代表团,代表团下又分成若干小组,湖南代表分在了大后方代表团的两湖组。由于筹备时间很长,湖南党组织推选的七大代表也有所变化。到七大召开时,湖南代表共11人,其中正式代表8人,他们是:帅孟奇、周恩来、徐特立、高文华、李涛、毛朗明(又名石生)、欧阳奔程(又名欧阳方)、谢竹峰。

1945年4月23日,下午3点,延安杨家岭中央大礼堂,大会秘书长任弼时宣布中共七大开幕,代表们高唱《国际歌》。毛泽东向大会作《论联合政府》的政治报告,朱德作《论解放区战场》的军事报告,刘少奇作《关于修改党章的报告》。

修改党章是中共七大的一项重要内容。大会通过新的党章,第一次明确规定毛泽东思想为党的一切工作的指针。"整个报告都很好,特别是对作为党的指导思想——毛泽东思想的阐述,这在我们党的党章上是第一次,讲得非常精辟,是七中全会通过的'历史决议'思想的进一步发展,也是七大的一个重要理论成果。"胡乔木后来在回忆文章中评价说。

大会选举产生了新的中央委员会和中央领导机构。其中,中央委员44人,中央候补委员33人。

随后召开的七届一中全会,选举毛泽东为中央委员会主席、中央政治局主席,选举毛泽东、朱德、刘少奇、周恩来、任弼时为中央书记处

◆游客在延安杨家岭中共中央办公厅旧址参观。湖南日报刘尚文摄

书记。中国共产党第一代领导核心正式形成。

值得一提的是,5名中央书记处书记中湘籍的有3名:毛泽东、刘少奇、任弼时,13名政治局委员中湘籍的有5名:毛泽东、刘少奇、任弼时、林伯渠、彭德怀,77名成员的中央委员会则有23名湘籍委员。

6月11日,历时50天的中共七大圆满闭幕。大会精神随着与会代表一路南下,湘鄂赣边区举办了军民庆祝大会,由周立波主办的《解放日报》还专门出了庆祝中共七大召开的专号。

从中共七大开始,以毛泽东为核心的中国共产党第一代领导集体建立起来了,全党实现了在思想上、政治上、组织上的空前团结和统一,为1949年取得新民主主义革命的伟大历史胜利奠定了坚实基础。

感 言

1945年召开的中共七大,把毛泽东思想写入了党章,标志着马克思主义中国化的进程实现了第一次历史性飞跃。中国共产党之所以能够历经考验磨难无往而不胜,关键就在于不断进行实践创新和理论创新。回望来时路,我们必须坚持与时俱进,不断开辟当代中国马克思主义、21世纪马克思主义新境界,永葆党的生机和活力。

链 接

为什么中共七大会期屡被延宕?

1928年6月,中共六大在苏联莫斯科召开。之后,中共七大召开时间一延再延,至1945年在延安召开,中间相隔17年之久。关于召开中共七大的动议早已有之,准备工作进行多次,但因严酷的战争环境和主观条件不成熟等,会议一再延期。

1931年1月,中共六届四中全会在上海举行。会议通过的决议中,将召开中共七大等列为"最不可迟延"的任务。之后，由于国民党军队连续大规模地"围剿"红军和根据地，党的主要精力集中于战事，无力顾及召开中共七大，准备工作被迫中断。

1937年12月，中共中央政治局会议通过了关于召集中共七大的决议，并成立准备委员会。次年11月，六届六中全会提出，加紧从政治上、组织上进行大会的准备工作，同时决定了中共七大的议事日程。1939年6月和7月，中共中央书记处先后两次发出关于中共七大的通知，规定各地于9月1日前选举完毕。但是，从这年冬天起，战事迭起，在严峻的敌情面前，中共七大的筹备工作只能停止。

1941年3月12日，中央政治局会议决定在当年的"五一节"召开七大。后因整风运动、大生产运动等再次推迟。1943年7月17日，中央书记处向中央政治局提出在8～9个月内召开七大的建议。8月1日又发出了《关于"七大"代表赴延安出席大会的指示》。后因中央政治局重新召开整风会议，已经启动的会议进程再次中断。直到1944年5月，整风运动基本结束时，七大才又被提上议事日程。

直到1944年5月21日至1945年4月20日召开的中共六届七中全会上，中共中央才正式决定了七大召开的日期和议程。

湖南宣告和平解放：
兵不血刃的"长沙模式"
◎湖南日报·新湖南客户端记者 苏莉

| 铭 刻 |

> 湖南的和平解放，是中国共产党充分发挥统一战线重要法宝作用，用不流血方式解决局部问题的成功范例，创造了"经过长期统战工作、先起义后谈判"的和平解放"长沙模式"。这一创举对分化瓦解国民党残余力量产生了重大影响，并为新疆、云南、西康等地区的和平解放提供了有益借鉴。

| 追 寻 |

位于市中心的小吴门，车流如梭，身着春衫的行人步履轻盈地走过八一桥，林立高楼勾勒出长沙壮丽天际线。今日的岁月静好，"线头"深藏在70多年前的风云激荡中。

1949年8月4日，程潜、陈明仁通电起义，宣布湖南正式脱离国民党政府，加入中共领导之人民民主政权。8月5日晚，中国人民解放军先头部队、第四野战军第十二兵团四十六军一三八师开进长沙城，在小吴门

◆长沙市芙蓉区白果园,市民瞻仰有长沙和平解放内容的浮雕。湖南日报辜鹏博摄

举行盛大的入城仪式。湖南宣告和平解放。

如今,在八一桥西侧,伫立着一块刻有"解放军入城处——小吴门故址"字样的纪念碑,碑上的图文记录了这一盛事。

湖南得以和平解放,一方面得益于程潜、陈明仁将军及其部属深明大义、顺应历史潮流。另一方面,是中共湖南省工委、长沙特支在中共中央领导下,团结各界不懈努力的结果。争取和平起义的经过,是一场兵不血刃、考验共产党人智慧与胸怀的"暗战"。

1949年1月,为了争取程潜、陈明仁起义,中共湖南省工委专门成立策反小组,由地下党员、湖南大学讲师余志宏任组长。

当时,以周里为书记的中共湖南省工委,将办公地点设在长沙市三角塘的一栋两层木板楼里,打着"妇女缝纫合作社"的幌子秘密开展工作。中共湖南省工委经过研究,认为要争取程潜,需通过接近他的人去做工作。为此，余志宏找到两个人，一个是程潜的族弟程星龄，一个是被称为程潜"军师"的省政府顾问方叔章，通过他们促使程潜转变思想。

1949年1月14日，毛泽东发表《关于时局的声明》，提出中国共产党进行和平谈判的8项条件。程潜对其中的7项条件都表示可以接受，唯独对"惩办战争罪犯"一条持有疑虑。程星龄把他的顾虑转达给周里和余志宏。周里说，欢迎程潜走和平道路，绝不会把他看成战犯。同时对他提出了几点希望和要求。程潜均答应履行。

不久之后，中共中央公布了《国内和平协定（最后修正案）》，宣布对于有利于推进解放事业、用和平方法解决国内问题者，取消战犯罪名。

3月，程潜拜会湘籍无党派知名人士章士钊，通过他向毛泽东表达走和平道路的决心。

在争取程潜的同时，余志宏等人也通过多种途径争取调防湖南的国民党第一兵团司令官陈明仁，使其与程潜建立走和平道路的默契。

四五月间，在中共湖南省工委动员下，程星龄起草了一份备忘录，表示接受共产党关于和平解放的8项条件，程潜在备忘录上签字。备忘录被通过秘密渠道送往中共中央。毛泽东亲笔复电程潜："先生决心采取反蒋反桂及和平解决湖南问题之方针，极为佩慰。"

同一天，中央军委致电人民解放军第四野战军司令员林彪，阐明关于和平解决湖南问题的一系列方针、政策，明确"程潜现任军政党各项职务暂时均予保留"。

7月，人民解放军接连攻克湖南数县，对长沙形成钳形包围之势。兵临城下，程潜、陈明仁加快了起义的部署工作。

8月4日，长沙各大报纸发表了程潜、陈明仁领衔，37名国民党将领联名的起义通电。5日，唐生智等104名湖南各界知名人士以及黄雍等140名在乡军官分别发表通电，响应和平起义。

◆位于长沙小吴门的石碑上刻着：解放军入城处——小吴门故址。湖南日报辜鹏博摄

◆位于长沙市开福区三角塘巷的中共湖南省工委旧址。湖南日报苏莉摄

当晚，中国人民解放军进驻长沙城，长沙市民扶老携幼走上街头，夹道欢迎。免遭战争浩劫的长沙人民彻夜不眠、欢庆解放。

| 感 言 |

湖南和平解放的历史告诉我们，统一战线是党的事业取得胜利的重要法宝，巩固和发展最广泛的爱国统一战线是党和人民事业不断发展的力量源泉。站在新的历史起点上，我们要毫不动摇地走中国特色社会主义道路，巩固和发展新时代爱国统一战线，团结一切可以团结的力量，在三湘大地画出最美"同心圆"。

| 链 接 |

为湖南和平解放立下汗马功劳的"潜伏者"余志宏

在策反程潜的过程中，中共湖南省工委策反小组组长余志宏立下汗马功劳。

余志宏是湖南省醴陵县（今醴陵市）人，1938年加入中国共产党。曾经担任原湖南省政府主席王东原的秘书，实为中共地下党员。他利用特殊身份，广泛接触倾向进步、愿意走和平道路的国民党党政军各界上层人士。

为了策反程潜，余志宏曾经组织过一场著名的"桃子湖便宴"。便宴在省政府顾问方叔章家中举行，出席的还有湖大教授李达、伍薏农，民盟湖南地下组织负责人、中共长沙特支地下党员肖敏颂，省保安司令部副司令肖作霖，省政府秘书长邓介松，程潜族弟程星龄。当时人民解放军正在进行淮海战役，大家漫谈时局，认为蒋介石反共是注定要失败的。李达直言不讳地说：颂公（程潜）应当为全省人民着想，湖南不能再打仗，只有走和平的道路。事后，肖作霖、邓介松将宴会上的谈话情况一五一十地报告给了程潜。程潜颇受震动。

策反过程中，程潜提出想与中共湖南党组织负责人见面。代表周里去见程潜的，正是余志宏。他向程潜提出释放一切政治犯、不捕杀共产党人等3点要求，程潜基本上接受并做到了。

陈明仁调到长沙后，余志宏代表省工委与陈明仁的亲信兼代表李君九等多次碰头，传达省工委的意见。他还组织程星龄、李君九等人定期开会，商讨解决一些重大问题，协调程潜与陈明仁的行动。

湖南和平解放后，余志宏任湖南大学军代表兼秘书长，后一直在教育战线工作。

*《新湖南报》*创刊：
从烽火中走来的"湖南日记"
◎湖南日报·新湖南客户端记者 黄晗、苏莉

| 铭　刻 |

《新湖南报》伴随着湖南的和平解放而诞生，是中华人民共和国成立后中国共产党在湖南最早成立的新闻机构。从《新湖南报》到《湖南日报》，这张毛泽东主席3次题写报名的省委机关报，坚持"党报姓党""党报为民"原则，成为湖南革命、建设和改革发展的亲历者、记录者、传播者，被誉为"湖南日记"。

| 追　寻 |

零点，是湖南日报社夜班编辑最忙碌的时分。72年前，1949年8月15日的零点，《新湖南报》创刊号正在紧张忙碌的排版中。那时候排版需要人工拣字，现在则只需鼠标轻点就可以完成。

在烽火硝烟中诞生的《新湖南报》，创刊背后经历了哪些艰难曲折？在传播技术的飞速发展中，湖南报人如何坚守初心？这些，在位于长沙市芙蓉中路一段442号的湖南日报社报史馆，都可以找到答案。

◆ 毛泽东为湖南日报题写报名（油画）。贺安成作

报史馆珍藏着一张《新湖南报》创刊号，每每引得参观者驻足。泛黄的纸张、竖排的版式，仿佛在讲述着一个跨越70多年的故事。

"1949年8月15日，中共湖南省委机关报《新湖南报》创刊，并发表《庆祝新湖南诞生》的社论。1964年10月1日，改名《湖南日报》，一直沿用至今。"史馆讲解员介绍，早在1949年4月，毛泽东主席在北京（时称北平）时就为湖南省委机关报定下报名为《新湖南报》，以区别于国民党在长沙办的《湖南日报》，并题写报头。

1949年3月，随着解放战争的胜利发展，中共中央决定成立中共湖南省委，任命天津市委书记黄克诚为湖南省委书记。南下湖南省委、省政府在天津正式组建。黄克诚在一次会议上宣布：省委决定创办省委机关报，原《群众日报》在天津的同志和在北平市宣传战线工作的29名同志全部到天津会合，开始做南下湖南办党报的准备。

5月，《新湖南报》的队伍随中共湖南省委及相关部队从天津乘火车南下。整个队伍被命名为湘江大队，《新湖南报》的队伍为第六中队，由曾任《天津日报》总编辑的朱九思带队。

6月9日，队伍到达武汉后，停留了37天。其间，扩充了新闻队伍，进行了《新湖南报》出版准备工作，编写了可供10天连续发表的宣传党的方针政策的言论及新闻稿件。社长李锐到任，并亲自撰写了题为《庆祝新湖南的诞生》的社论（代发刊词）。

8月5日，长沙宣布和平解放。进城后，《新湖南报》的队伍首先与地下党的同志会师，接管了位于蔡锷中路的原《中央日报》（湖南版）

的设备和部分人员，以此为社址本部。人员则分居在三公里1号、惜字公庄和经武路261号等地。

经过紧张的筹备，8月15日，《新湖南报》创刊号正式推出，一共4个版，第一期印刷2000份，比过去《中央日报》（湖南版）多印一倍。

"《新湖南报》创刊啦！快来看！"8月15日凌晨，很多报童和群众聚集在印刷厂门口，欢呼雀跃，争相传阅新鲜出炉的报纸。

《新湖南报》是中华人民共和国成立后湖南新闻出版事业的发祥地。创刊初期，兼管新华社湖南分社。《新湖南报》首任社长李锐兼任新华社湖南分社第一任社长。报社还抽调干部帮助创办湖南人民广播电台、湖南人民出版社。第二任社长朱九思兼任湖南人民广播电台第一任台长。

《湖南日报》的发展壮大史，是湖南报业蓬勃发展的缩影。目前，湖南日报社已经发展成为涵盖8报2刊、10家新闻网站、以新湖南客户端为代表的100多个"两微一端"组成的新媒体矩阵。

◆ 2019年8月15日，《湖南日报》创刊70周年纪念日，70多位离退休老报人参观新成立的湖南日报社报史馆。湖南日报辜鹏博、李健摄

在湖南日报社报史馆,有两件写满签名的抗疫防护服分外引人注目,上面是湖南援助湖北黄冈医疗队队员和新闻记者的签名。2020年抗击新冠肺炎疫情期间,湖南日报社派出报道组奔赴湖北黄冈。这份珍贵纪念,正是湖南日报社记录时代的见证。

从"铅与火",到"光与电",再到"云与微",变革的是传播技术和手段,不变的,是一代代湖南报人的"铁肩担道义,妙手著文章"的拳拳初心。

| 感 言 |

习近平总书记指出,在新的时代条件下,党的新闻舆论工作的职责和使命是:高举旗帜、引领导向,围绕中心、服务大局,团结人民、鼓舞士气,成风化人、凝心聚力,澄清谬误、明辨是非,联接中外、沟通世界。新一代湖南报人,应肩负起新时代赋予的责任和使命,当好党和人民的喉舌,坚持正确导向,不断改革创新,在推动媒体融合发展中走在前列,让党的声音传得更开、传得更广、传得更深入。

◆ 1976年,湖南日报原排字车间。唐大柏摄

◆ 2015年8月15日,湖南日报社新湖南客户端上线。湖南日报田超摄

| 链 接 |

毛主席三次为《湖南日报》题写报头

毛主席三次为《湖南日报》题写报头，在党的新闻史上留下了一段佳话。

1949年4月30日，受黄克诚委托，朱九思和张式军来到北平南长街中南海东门的一个小四合院，找到了毛主席的秘书胡乔木，请毛主席为即将创刊的《湖南日报》题写报头。

毛主席听说家乡要出报，十分高兴，于是泼墨挥毫，写下"新湖南报"四个字。毛主席说，国民党在长沙有一份《湖南日报》，所以用《新湖南报》区别国民党的《湖南日报》。

毛主席第二次为《湖南日报》题写报头，是1960年3月，当时毛主席在南方考察，坐专列从广州到了长沙。

3月12日，毛主席在接见湖南省委书记张平化时，说他嫌自己原来题写的那幅报头显得呆板，拟重写一幅。并当即挥笔题写了第二幅《新湖南报》报头，于1960年3月19日启用。

1964年7月，毛主席视察湖南时，提议把《新湖南报》改为《湖南日报》，并第三次为《湖南日报》题写报头。他还为此给湖南省委书记张平化写了一封信："平化同志：新湖南报报头写得不好，宜改换为湖南日报，使与湖北日报相一致。现写了两张，不知可用否？如不可用，退回重写。如可用，则以在今年国庆节改换（为）宜。请你酌定。"

从1964年10月1日起，《新湖南报》正式启用《湖南日报》新报名，一直沿用至今。

衡宝战役：
在新中国诞生礼炮中进行的唯一战役

◎湖南日报·新湖南客户端记者李国平　通讯员沈娟华

| 铭　刻 |

　　历时一个多月的衡宝战役，是中国人民解放军进军中南地区的首次重大战役，也是在开国大典前后进行的唯一大战。衡宝战役一举解放湖南南部和西部大部分区域，为湖南全省解放扫清了障碍，也为后续解放华南和大西南创造了极为有利的军事条件。

| 追　寻 |

　　"十月一日，某部进抵花桥外围，战士们在伸手不见五指的深夜，在腰上拴一根绳子一个拉着一个奋勇前进，终于踏过峭壁陡坡，将很重的迫击炮、山炮架到五六里的高山上。"

　　这段描写，出自新华社发表于1949年10月13日的《解放军进军湘西经过》一文。这篇报道，和其他相关资料被装订成册，如今保存在湖南省档案馆，成为那段历史的见证。

　　文中描写的，是中华人民共和国成立当天，发生在衡宝战役战场上的一幕。攀爬峭壁的战士的身影，在岁月时光中已渐行渐远。但位于双峰县塔子山的衡宝战役烈士墓，以及祁东县黄土铺镇五四村的衡宝战役烈士纪念塔，为后人定格了那段峥嵘岁月。

1949年8月5日，湖南和平解放，并成立湖南临时省政府。国民党白崇禧部仍盘踞湘南，还在芷江另立"湖南省政府"，企图在衡阳、宝庆（今邵阳）及湘桂边界负隅顽抗。

◆ 双峰县衡宝战役青树坪战斗烈士纪念塔。湖南党史陈列馆供图

为消灭顽敌，中国人民解放军迅疾向湘南挺进，白崇禧见势不妙，迅速调整部署，将其20万主力推至以衡阳、宝庆为中心的湘南地区，东南与广东的余汉谋集团相连，西面与宋希濂集团相呼应，构成一个半弧形的"湘粤联合防线"，企图阻止人民解放军南进，并妄想以此发起反攻。

白崇禧号称"小诸葛""白狐狸"，多谋而狡诈。远在北京的毛泽东主席时刻关注战局，发现近距离穿插很难抓住狡猾的"白狐狸"主力，必须采取远距离包围迂回的战术。于是决定部署三路大军：西路大军进军桂西，进而切断白崇禧集团逃往云南和贵州的道路；东路大军直取广州，然后继续西进实施大迂回，切断敌人逃往雷州半岛和海南岛的退路；中路大军向衡宝地区发动衡宝战役以牵制敌人，待完成合围后，尾随敌军到广西，与东、西路大军一起歼灭白崇禧集团于广西境内。中央军委发给林彪的《歼灭白崇禧部的部署》电报中说："白崇禧是中国境内第一个狡猾阴险的军阀，我们认为非用上述方法，不能消灭他。"

◆衡宝战役中人民解放军冒着炮火追击敌人。湖南党史陈列馆供图

为与白崇禧部决战,林彪使出计策"金钩钓鳖",派四十九军孤军前出吸引敌军。桂军上钩,暴露主力位置。10月1日,所有围攻部队隐蔽到达指定位置。这一天,正是中华人民共和国举行开国大典的日子,解放军士气更加高昂。

当五星红旗在天安门冉冉升起的时刻,迎接中华人民共和国的不仅有齐鸣的礼炮,还有发生在湖南的衡宝战役的隆隆炮声。

10月3日,白崇禧意识到解放军大迂回包围战略意图,准备逃窜。而此时,中路四十五军一三五师已神不知鬼不觉地穿插到敌人纵深腹地,成为楔入敌人后方的一根钉子,死死地钉住了敌军,三路大军迅速合围布好天罗地网,白崇禧部主力已插翅难逃。

新华社1949年10月13日的新闻报道《华中歼白匪主力四个师经过》详细描述了围歼白崇禧主力的场景:10月8、9两日,前线霪雨霏霏,解放军进行冒雨围歼,终日激战,敌于包围圈内狼奔豕突,多次企图突围,终不得逞。激战至10日,匪已粮尽弹绝,溃不成军。入夜千万个火把照亮整个五峰山区,形成了一幅极其壮观的捉俘虏的图景。

从1949年9月13日至10月16日,衡宝战役历时1个多月,共歼敌47500多人,解放湖南县城28座,为后续解放华南和大西南创造了极为有利的军事条件。衡宝战役与海南岛战役、西南战役并称中国人民解放军渡江后的三大战役。

衡宝战役胜利以后,湖南境内的国民党军队已是散沙一堆,不堪一击。1950年,国民党残部被全部扫清,湖南全境解放。1950年4月1日,中央人民政府批准湖南省人民政府正式成立。湖南的历史从此翻开了崭新一页。

感 言

中国共产党团结带领人民进行了28年浴血奋战,完成了新民主主义革命;无数革命先烈抛头颅洒热血,终于迎来了新中国的诞生。回望这段艰苦卓绝的历史,深刻感受到红色政权来之不易、新中国来之不易。铭记革命先辈丰功伟绩,迈向全面建设社会主义现代化国家新征程,我们必须始终坚持党的领导,坚定不移走中国特色社会主义道路,不忘初心、牢记使命,不断创造新的历史伟业。

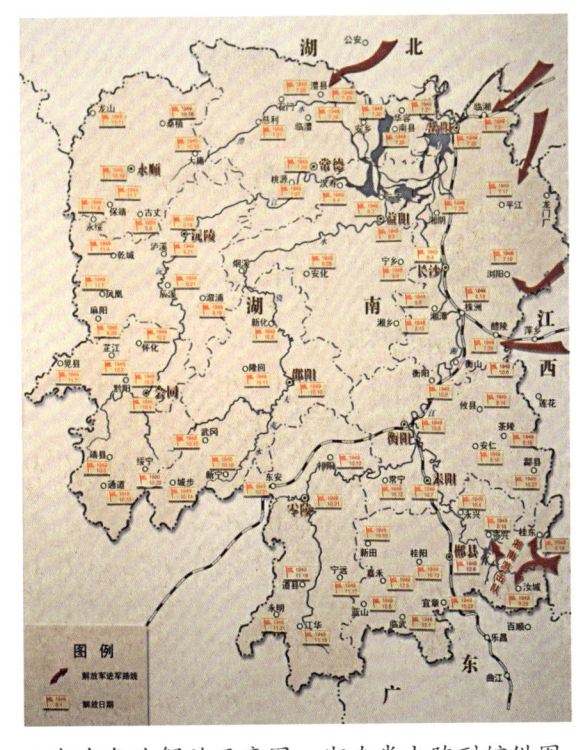

◆湖南各地解放示意图。湖南党史陈列馆供图

链　接

湖南省最早和最后解放的县

湖南全境解放的过程中，最早获得解放的县是桂东县，最晚解放的是古丈县。

1947年10月27日夜，桂东沙田进步青年郭名善等在中共广东五岭地委派出的党员干部李康寿等的帮助下，率领67名农民武装起义，建立桂东游击队。不久，游击队到粤北南雄根据地整训，并正式命名为粤赣湘边区人民解放总队北上先遣队，简称湘边队。

随着全国解放战争势如破竹，蒋介石集团的正规军自顾不暇，地方反动武装各自为政，北上先遣队迎来了难得的机会，他们根据五岭地委号召，放手发动群众，壮大力量，使部队发展到4个大队800多人，加上先遣队所属各武工队，总人数达2000余人，为解放桂东做好了军事准备。

1949年6月初，根据中共中央南方局要求，五岭地委指示北上先遣队"尽快解放桂东，为大军南下铺平道路"。6月6日，先遣队占领沙田，成立沙田办事处。

先遣队兵临城下，桂东县国民党当局派出和平谈判团。1949年6月16日清晨，桂东自卫总队和警察在体育场集体交枪700余支。8时，北上先遣队分路进城。至此，桂东全境解放，成为湖南最早获得解放的县。

1950年3月2日，解放军第四十七军进驻古丈县，剿灭了张平匪部3000余人，古丈县自此解放，是湖南省最后一个解放的县。

本作品中文简体版权由湖南人民出版社所有。
未经许可，不得翻印。

图书在版编目（CIP）数据

湖湘潮·百年颂.上:/中共湖南省委党史学习教育领导小组办公室主编.—长沙：湖南人民出版社，2021.7

ISBN 978-7-5561-2445-9

Ⅰ.①湖… Ⅱ.①中… Ⅲ.①中国共产党-地方组织-党史-湖南 Ⅳ.①D235.64

中国版本图书馆CIP数据核字（2021）第060099号

HUXIANG CHAO · BAINIAN SONG

湖湘潮·百年颂（上）

主　　编	中共湖南省委党史学习教育领导小组办公室
责任编辑	吴向红　杨　纯
助理编辑	曹晓彤
装帧设计	杨发凯　宋　娟
责任印制	肖　晖
责任校对	唐雅明

出版发行	湖南人民出版社［http：//www.hnppp.com］
地　　址	长沙市营盘东路3号
邮　　编	410005
经　　销	湖南省新华书店
印　　刷	湖南关山美印有限公司
版　　次	2021年7月第1版
	2021年9月第3次印刷
开　　本	710mm×1000mm　1/16
印　　张	17.25
字　　数	252千字
书　　号	ISBN 978-7-5561-2445-9
定　　价	68.00元

营销电话：0731-82221529（如发现印装质量问题请与出版社调换）